Einstern

Diagnose-Sternchen

★ Eingangsdiagnostik
★ Lernstandsdiagnose zu den Themenheften 1 bis 4
★ Selbsteinschätzung ★ Feedbackbögen

Erarbeitet von Roland Bauer und Jutta Maurach

In Zusammenarbeit mit der Redaktion Mathematik Grundschule

Cornelsen

Inhaltsverzeichnis

Eingangsdiagnose .... 3 ☐

Themenheft 1

✦ Lernportion **1** Anzahlen darstellen und bestimmen .... 7 ☐

✦ Lernportion **2** Die Zahlen bis 6 schreiben .... 10 ☐

✦ Lernportion **3** Die Zahlen bis 10 schreiben .... 13 ☐

✦ Lernportion **4** Zahlen vergleichen und ordnen .... 16 ☐

✦ Lernportion **5** Zahlen zerlegen .... 19 ☐

✦ Lernportion **6** Geometrische Formen, Muster und Reihen .... 22 ☐

Themenheft 2

✦ Lernportion **1** Plusaufgaben .... 25 ☐

✦ Lernportion **2** Lagebeziehungen .... 28 ☐

✦ Lernportion **3** Minusaufgaben .... 30 ☐

✦ Lernportion **4** Linien und Figuren zeichnen .... 33 ☐

✦ Lernportion **5** Plus- und Minusaufgaben .... 35 ☐

✦ Lernportion **6** Geometrische Körper .... 38 ☐

Themenheft 3

✦ Lernportion **1** Zahlen bis 20 ermitteln und darstellen .... 40 ☐

✦ Lernportion **2** Zahlen vergleichen und ordnen .... 43 ☐

✦ Lernportion **3** Zeit .... 46 ☐

✦ Lernportion **4** Verwandte Aufgaben .... 48 ☐

✦ Lernportion **5** Symmetrie .... 51 ☐

✦ Lernportion **6** Verdoppeln und halbieren .... 54 ☐

✦ Lernportion **7** Daten und Kombinatorik .... 57 ☐

Themenheft 4

✦ Lernportion **1** Plusaufgaben mit Zehnerüberschreitung ..... 59 ☐

✦ Lernportion **2** Minusaufgaben mit Zehnerüberschreitung ... 62 ☐

✦ Lernportion **3** Plus- und Minusaufgaben mit Zehnerüberschreitung ... 65 ☐

✦ Lernportion **4** Hinführung zu Sachaufgaben .... 68 ☐

✦ Lernportion **5** Geld .... 71 ☐

✦ Lernportion **6** Sachaufgaben mit Geld .... 74 ☐

1

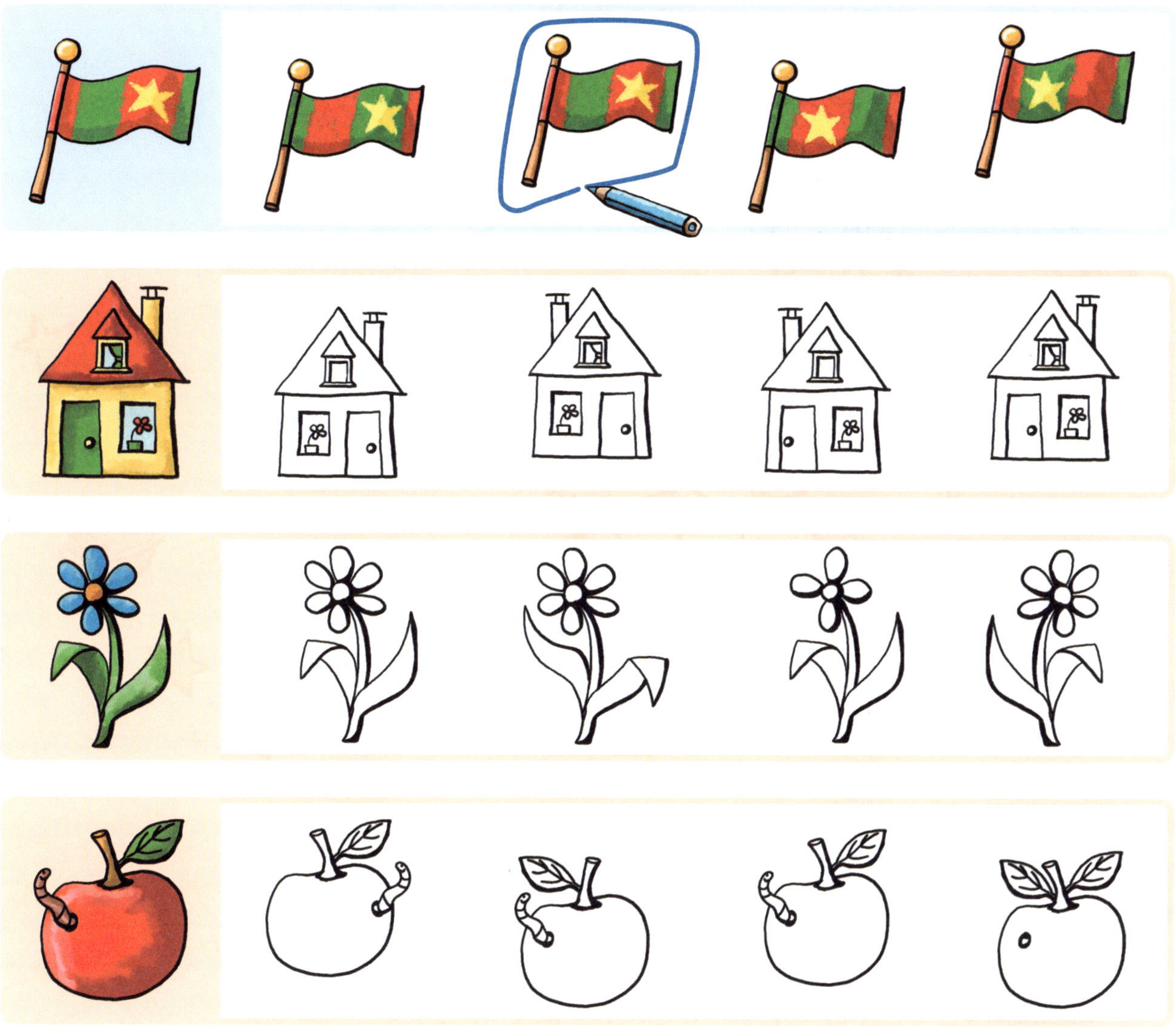

2

Datum: _____

3

3

4

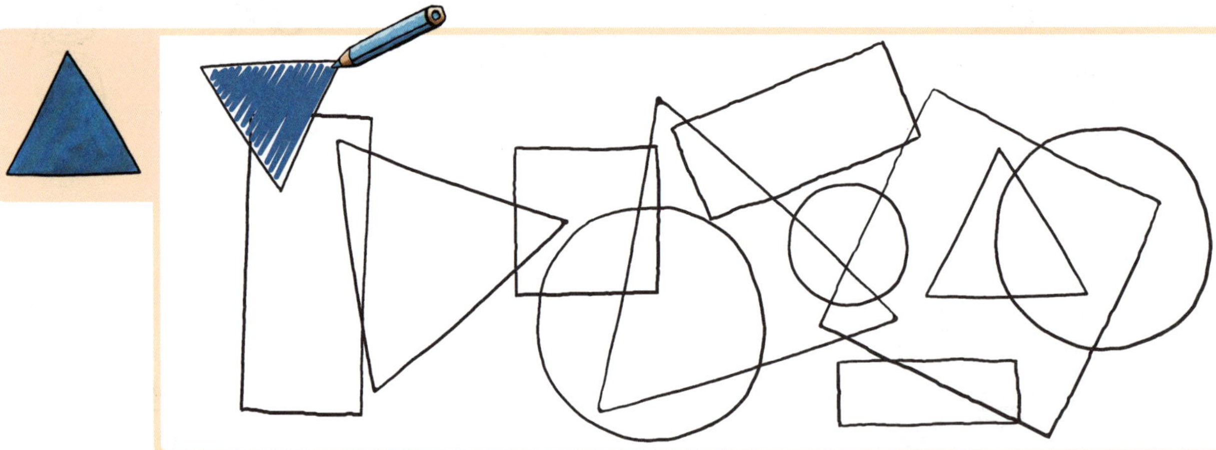

Datum: _____

5

6

Aufgabe	Kompetenz	sicher	meist	teilweise	noch nicht	Bemerkungen
1	Differenzierte Wahrnehmung: Gleiches finden und einkreisen	○	○	○	○	
2	Anzahlen bestimmen und passende Würfelbilder einkreisen	○	○	○	○	
3	Zahlenfolge: Zahlen von 1 bis 6 in der richtigen Reihenfolge verbinden	○	○	○	○	
4	Figur-Grund-Wahrnehmung: Geometrische Grundformen finden und nach Vorgabe ausmalen					
	Dreiecke	○	○	○	○	
	Quadrate	○	○	○	○	
5	Geometrische Grundformen in Figuren erkennen und nach Vorgabe ausmalen					
	Quadrate	○	○	○	○	
	Dreiecke	○	○	○	○	
	Kreise	○	○	○	○	
	Rechtecke	○	○	○	○	
6	Einen Weg im Kreislabyrinth finden und einzeichnen	○	○	○	○	

So hast du bei diesem Thema gearbeitet:

○ Du konntest aus der Beispielaufgabe die Aufgabenstellung entnehmen.

Arbeitsweise: ○ selbstständig   ○ konzentriert   ○ genau

Unterstützungsbedarf: ○ häufig   ○ gelegentlich   ○ nie

Arbeitstempo: ○ langsam   ○ angemessen   ○ zügig

Zusätzliche Bemerkungen/Tipps:

Datum: _____

1

IIII

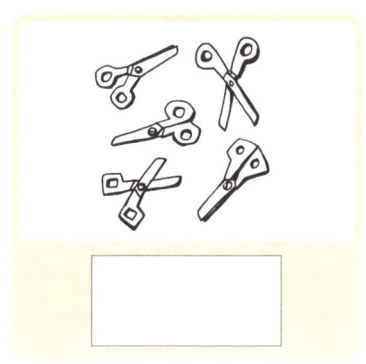

2

      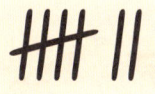

2   5   9   6   3   4   10   7

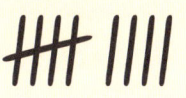   IIII

3

8   2   7   4   3   6   9   5

4

6 ④ 5

7 8 6

8 6 9

7 5 8

7 8 9

7 6 8

😊
😐
☹️

5

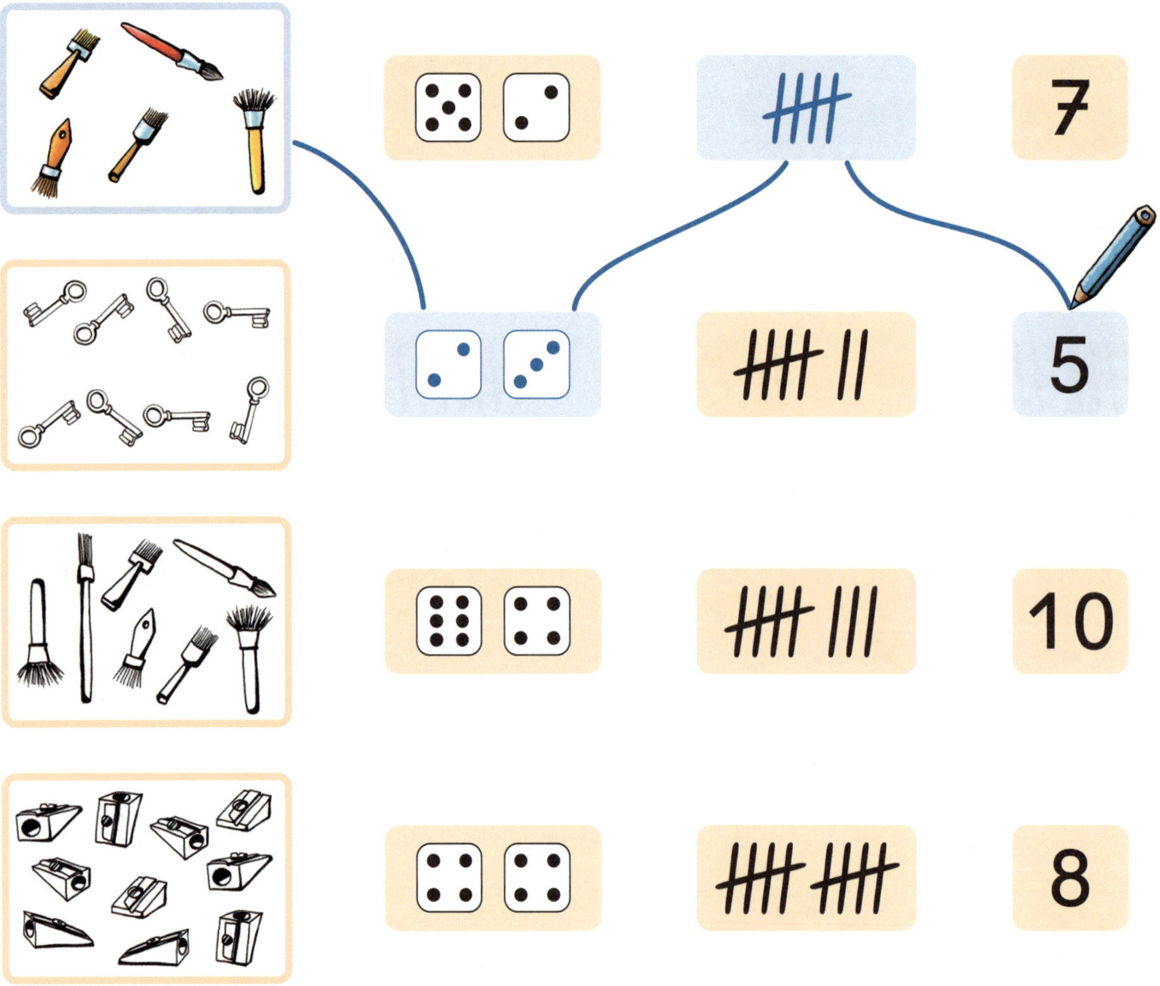

|7|

|5|

10

|8|

😊
😐
☹️

Datum: _____

Aufgabe	Kompetenz	sicher	meist	teilweise	noch nicht	Bemerkungen
1	Dinge zählen und Strichlisten erstellen	○	○	○	○	
2	Strichlisten und Zahlen einander zuordnen	○	○	○	○	
3	Würfelbilder und Zahlen einander zuordnen					
	bei einem Würfelbild bis 6	○	○	○	○	
	bei zwei Würfelbildern bis 10	○	○	○	○	
4	Anzahlen bestimmen und passende Zahlen einkreisen	○	○	○	○	☐ nutzt Durch-streichen als Zählhilfe
5	Dinge zählen, Würfelbilder, Strichlisten und Zahlen einander zuordnen	○	○	○	○	☐ nutzt Durch-streichen als Zählhilfe

So hast du bei diesem Thema im Unterricht gearbeitet:

Arbeitsweise: ○ selbstständig ○ konzentriert ○ genau

Unterstützungsbedarf: ○ häufig ○ gelegentlich ○ nie

Arbeitstempo: ○ langsam ○ angemessen ○ zügig

Zusätzliche Bemerkungen/Tipps:

Datum: _____

1

⚀ **1** `1`	⚃ ✏️	⚅
⚂	⚁	⚄

😊 😐 ☹️

2

| ✂️ `5` | 🐟🐬 ✏️ | 🦋 |
| 🦆 | 🐱 | 🐘 |

😊 😐 ☹️

3

| ● ● ● ● ● ● `6` | 🔴 | 🔴 | 🔴 |

✏️

😊 😐 ☹️

4

1 3 5 1 3 5

2 4 6 2 4 6

6 4 2 6 4 2

😊 😐 ☹️

Datum: _____

5

`1`

Datum: _____

21

Aufgabe	Kompetenz	sicher	meist	teilweise	noch nicht	Bemerkungen
1	Zu Würfelbildern bis 6 passende Zahlen finden und schreiben					
	im großen Kästchen	○	○	○	○	
	im kleinen Kästchen	○	○	○	○	
	formgetreu	○	○	○	○	
	mit richtigem Schreibablauf	○	○	○	○	
2	Anzahlen von Dingmengen bestimmen und notieren	○	○	○	○	
3	Zu unstrukturierten Punktebildern passende Anzahlen finden und notieren	○	○	○	○	
4	Muster in Zahlenreihen erkennen und fortsetzen	○	○	○	○	
5	Jeweils gleiche Katzen erkennen, deren Anzahl bestimmen und notieren	○	○	○	○	

So hast du bei diesem Thema im Unterricht gearbeitet:

Arbeitsweise: ○ selbstständig ○ konzentriert ○ genau

Unterstützungsbedarf: ○ häufig ○ gelegentlich ○ nie

Arbeitstempo: ○ langsam ○ angemessen ○ zügig

Zusätzliche Bemerkungen/Tipps:

Datum: _____

1

8   8

2

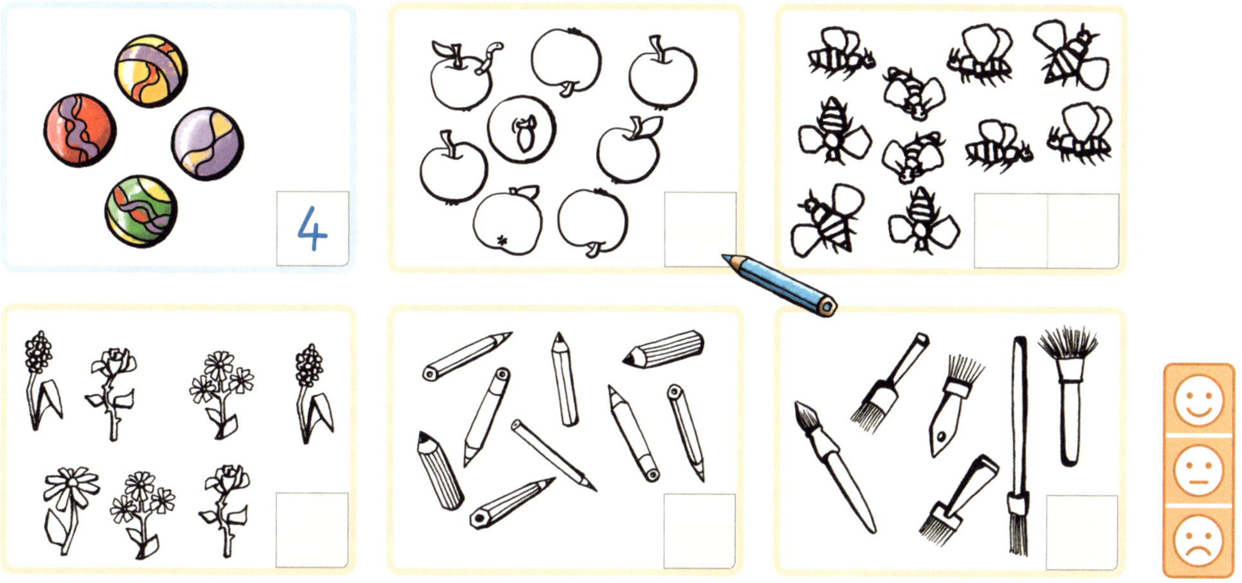

4

3

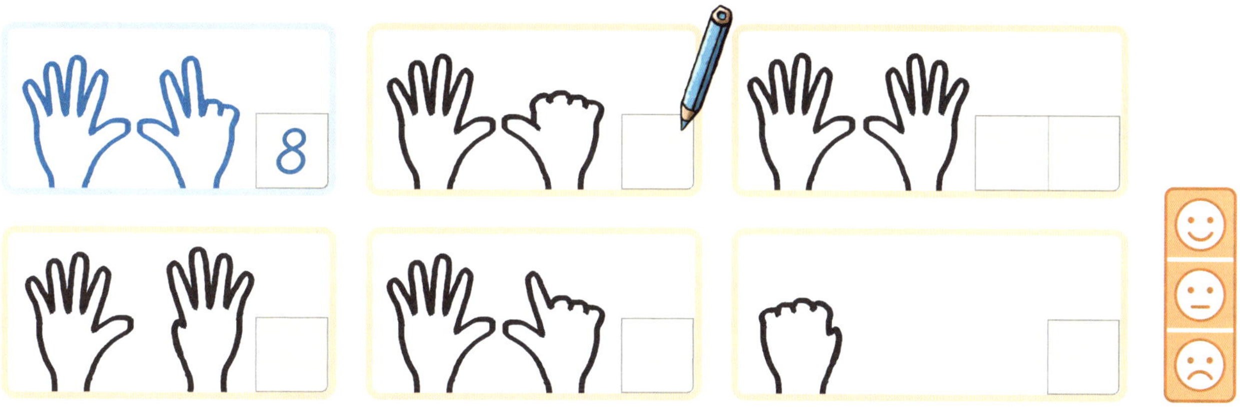

8

4

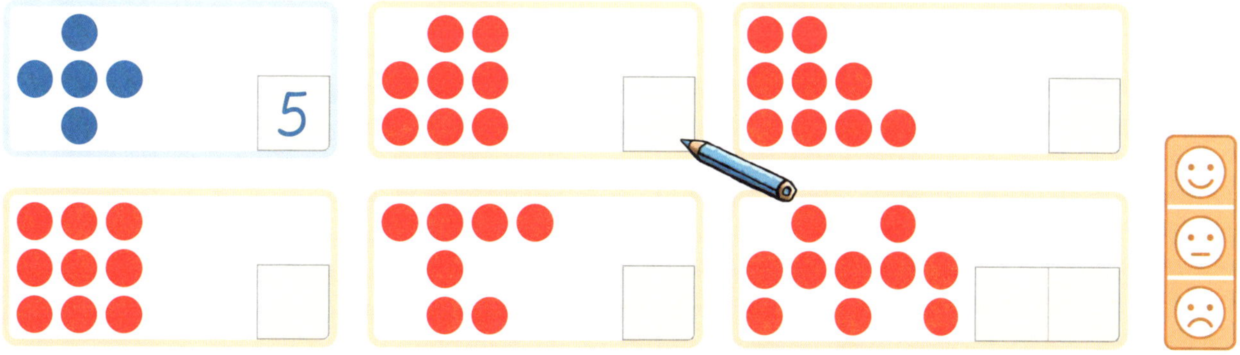

5

5

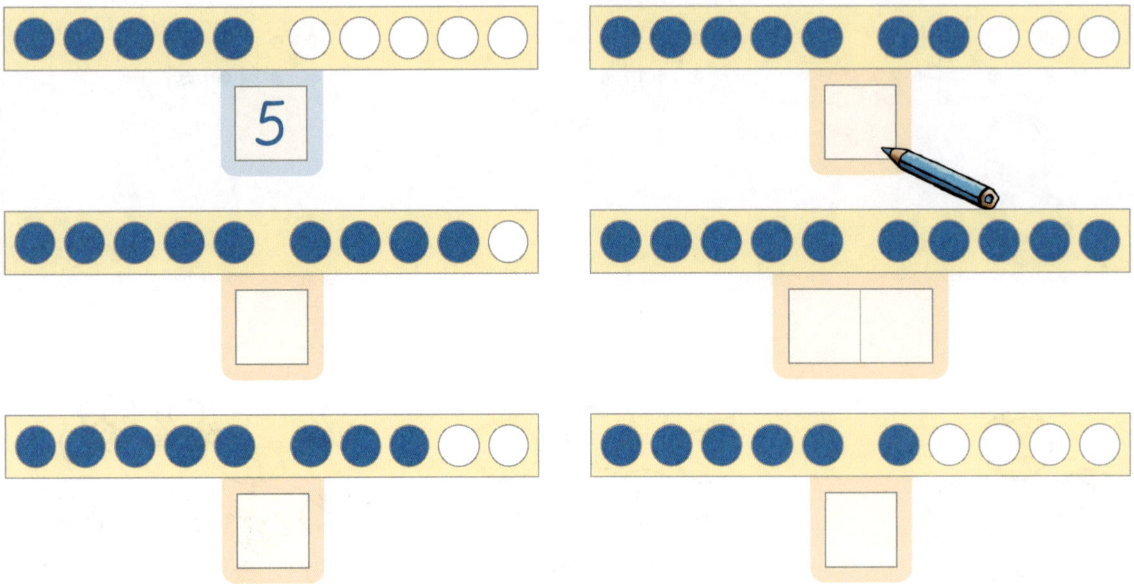

5

6

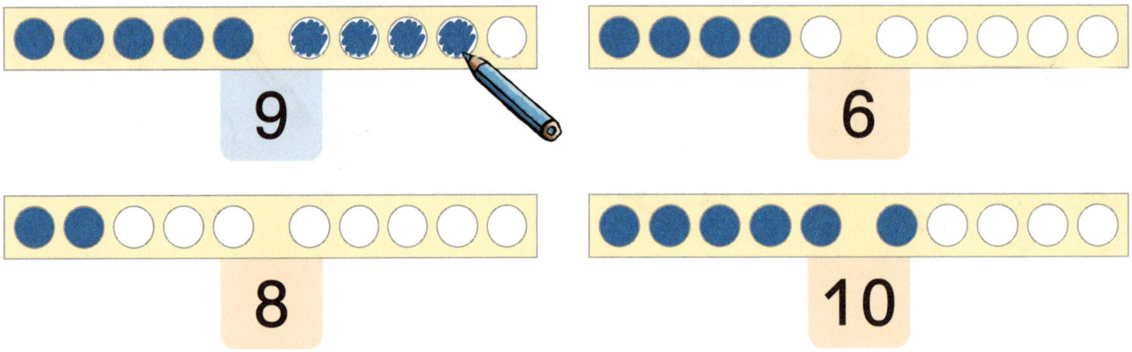

9

6

8

10

7

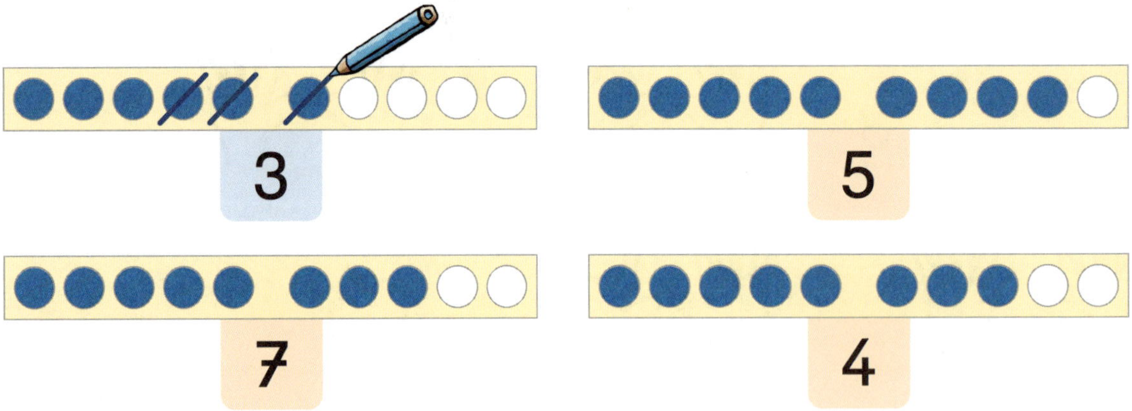

3

5

7

4

8

4 6 8 4 6 8

1 3 5 7 9 1 3 5 7 9

9 8 7 6 5 9 8 7 6 5

14

Datum: _____

Aufgabe	Kompetenz	sicher	meist	teilweise	noch nicht	Bemerkungen
1	Zu Würfelbildern passende Zahlen finden und notieren					
	im großen Kästchen	○	○	○	○	
	im kleinen Kästchen	○	○	○	○	
	formgetreu	○	○	○	○	
	mit richtigem Schreibablauf	○	○	○	○	
2	Anzahlen von Dingmengen bestimmen und notieren	○	○	○	○	☐ nutzt Durchstreichen als Zählhilfe
3	Anzahlen in Fingerbildern erkennen und notieren	○	○	○	○	☐ nutzt dabei die Fünferstruktur
4	Zu unstrukturierten Punktebildern passende Anzahlen finden und notieren	○	○	○	○	☐ nutzt Durchstreichen als Zählhilfe
5	Anzahlen bei Punktebildern im Zehnerfeld bestimmen und notieren	○	○	○	○	☐ nutzt dabei die Fünferstruktur
6	Anzahlen im Zehnerfeld durch Ergänzen erzeugen	○	○	○	○	
7	Anzahlen im Zehnerfeld durch Wegstreichen erzeugen	○	○	○	○	
8	Muster in Zahlenreihen erkennen und fortsetzen	○	○	○	○	

So hast du bei diesem Thema im Unterricht gearbeitet:

Arbeitsweise: ○ selbstständig   ○ konzentriert   ○ genau

Unterstützungsbedarf: ○ häufig   ○ gelegentlich   ○ nie

Arbeitstempo: ○ langsam   ○ angemessen   ○ zügig

Zusätzliche Bemerkungen/Tipps:

Datum: _____

1
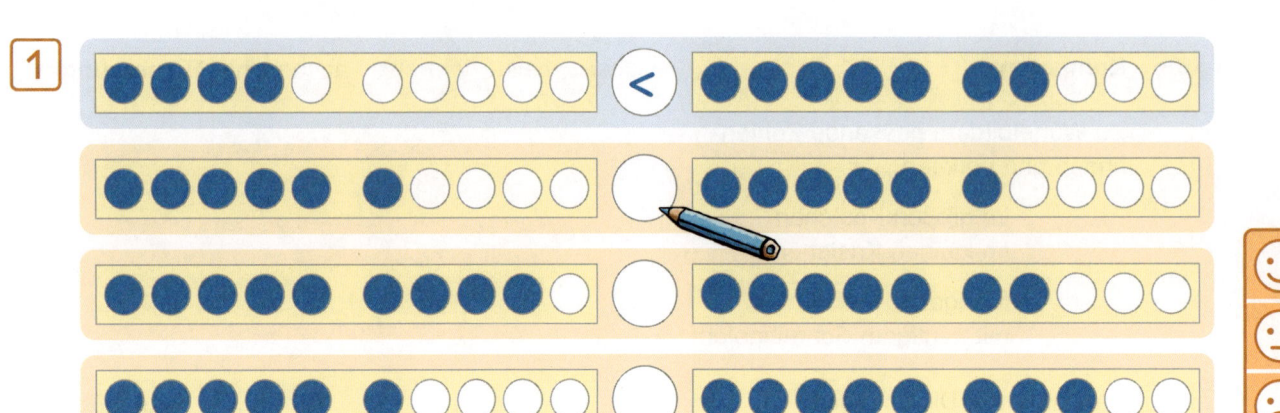

2

7 > 4	8 ◯ 8	9 ◯ 7
2 ◯ 6	4 ◯ 3	4 ◯ 5
3 ◯ 7	6 ◯ 9	10 ◯ 8
9 ◯ 2	10 ◯ 0	5 ◯ 5

3

4 < ☐	6 > ☐	☐ > 5
9 > ☐	☐ < 6	☐ < 7
8 > ☐	6 = ☐	☐ < 1

4

1 ~~4~~ 6 8

4 < ☐
☐ < ☐

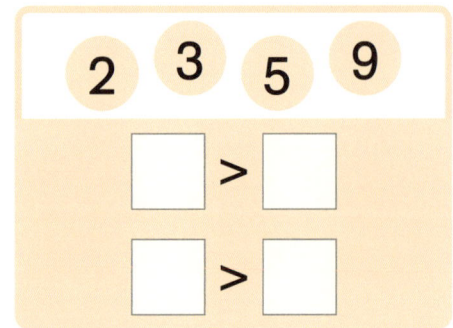

2 3 5 9

☐ > ☐
☐ > ☐

Datum: _____

5 | 1 | 2 | 3 | | 5 | | | 8 | | 1 | 0 |

| 1 | 0 | | 8 | | | 5 | | 3 | | 1 |

6 | | | | 4 | | | | | 9 | |

| | | | 8 | | | | | 3 | |

7 | 5 | 6 | 7 | | | 4 | | | | 1 | |

| 4 | | 6 | | 7 | | 9 | | 6 | | 8 |

| | | 8 | | | | 3 | | | | 1 | 0 |

8

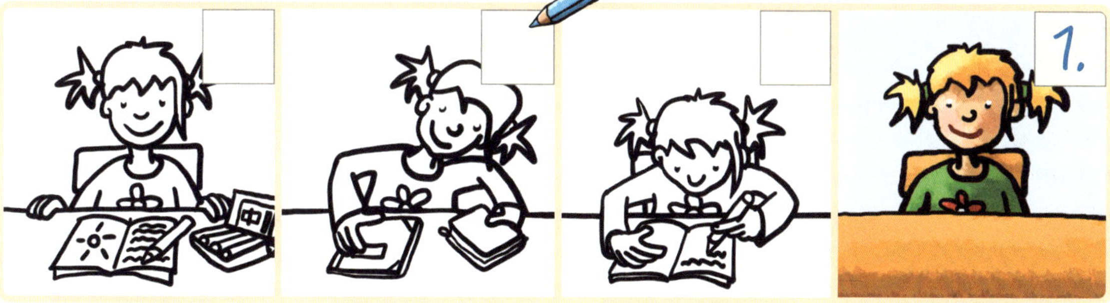

[ ] [ ] [ ] [1.]

9

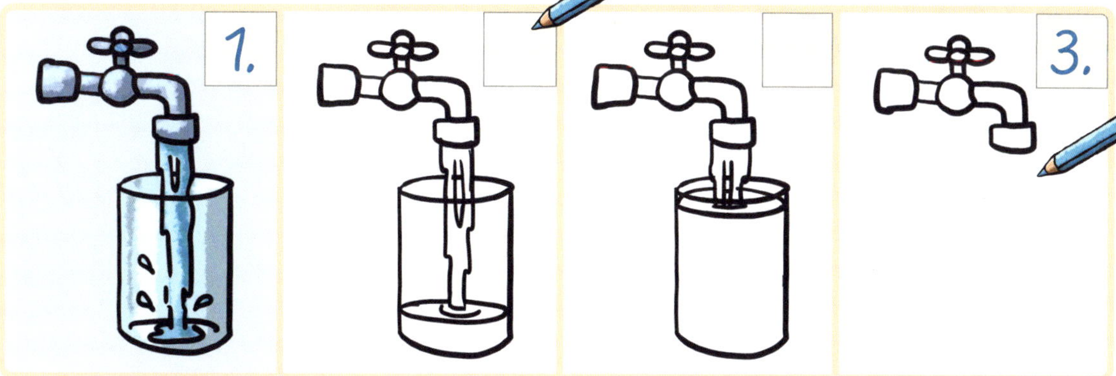

[1.] [ ] [ ] [3.]

Aufgabe	Kompetenz	sicher	meist	teilweise	noch nicht	Bemerkungen
1	Im Zehnerfeld dargestellte Zahlen vergleichen, >, <, = passend einsetzen	○	○	○	○	
2	Zahlen vergleichen, >, <, = passend einsetzen	○	○	○	○	
3	In Ungleichungen eine fehlende Zahl passend ergänzen	○	○	○	○	
4	Vorgegebene Zahlen passend in Ungleichungen einsetzen	○	○	○	○	
5	In Zahlenfolgen fehlende Zahlen ergänzen					
	in aufsteigender Zahlenfolge	○	○	○	○	
	in absteigender Zahlenfolge	○	○	○	○	
6	Richtung einer Zahlenfolge erkennen, Zahlenfolgen vervollständigen	○	○	○	○	
7	Nachbarzahlen ergänzen					
	Vorgänger	○	○	○	○	
	Nachfolger	○	○	○	○	
8	Reihenfolge von dargestellten Handlungsabläufen durch Ordnungszahlen kennzeichnen	○	○	○	○	
9	Durch Ordnungszahlen gekennzeichneten, bildlich dargestellten Handlungsablauf erkennen, fehlendes Bild ergänzen	○	○	○	○	

So hast du bei diesem Thema im Unterricht gearbeitet:

Arbeitsweise: ○ selbstständig ○ konzentriert ○ genau

Unterstützungsbedarf: ○ häufig ○ gelegentlich ○ nie

Arbeitstempo: ○ langsam ○ angemessen ○ zügig

Zusätzliche Bemerkungen/Tipps:

Datum: _____

1

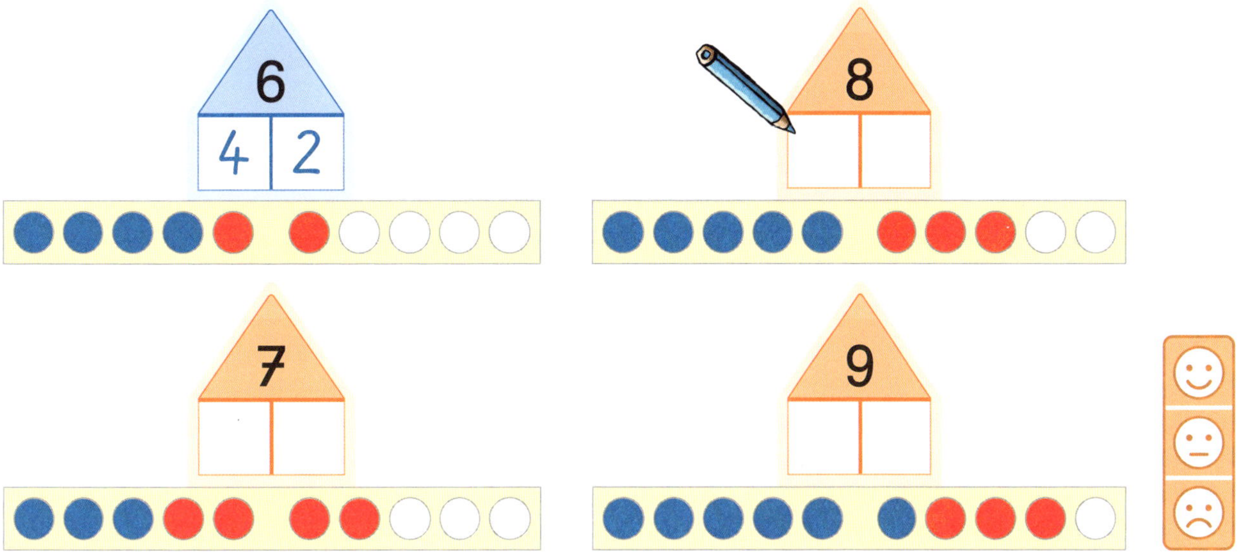

6
| 4 | 2 |

8

7

9

2

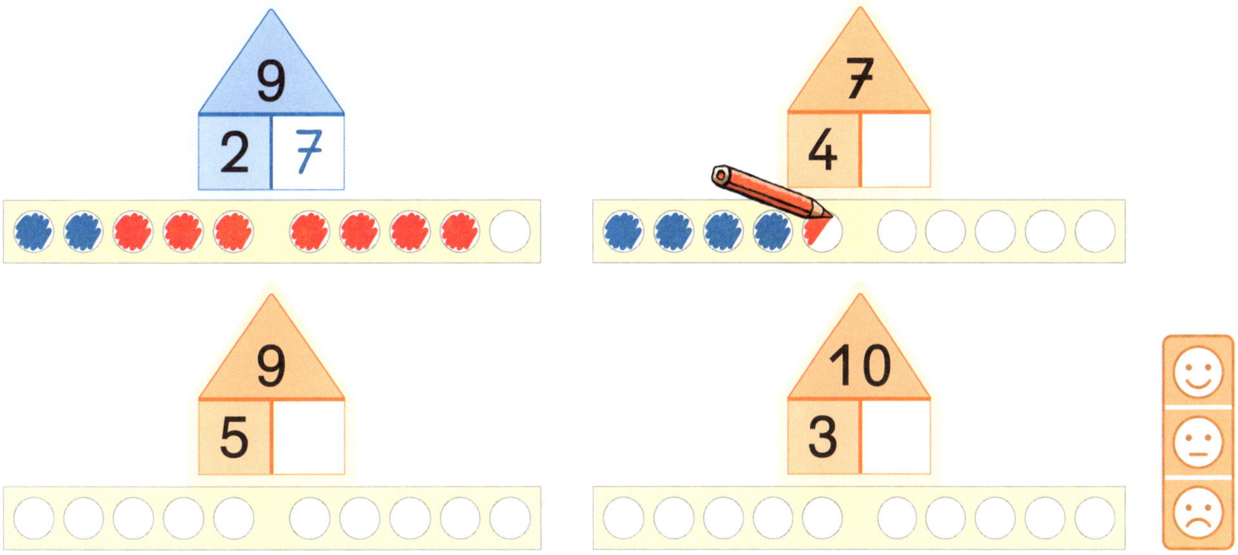

9
| 2 | 7 |

7
| 4 | |

9
| 5 | |

10
| 3 | |

3

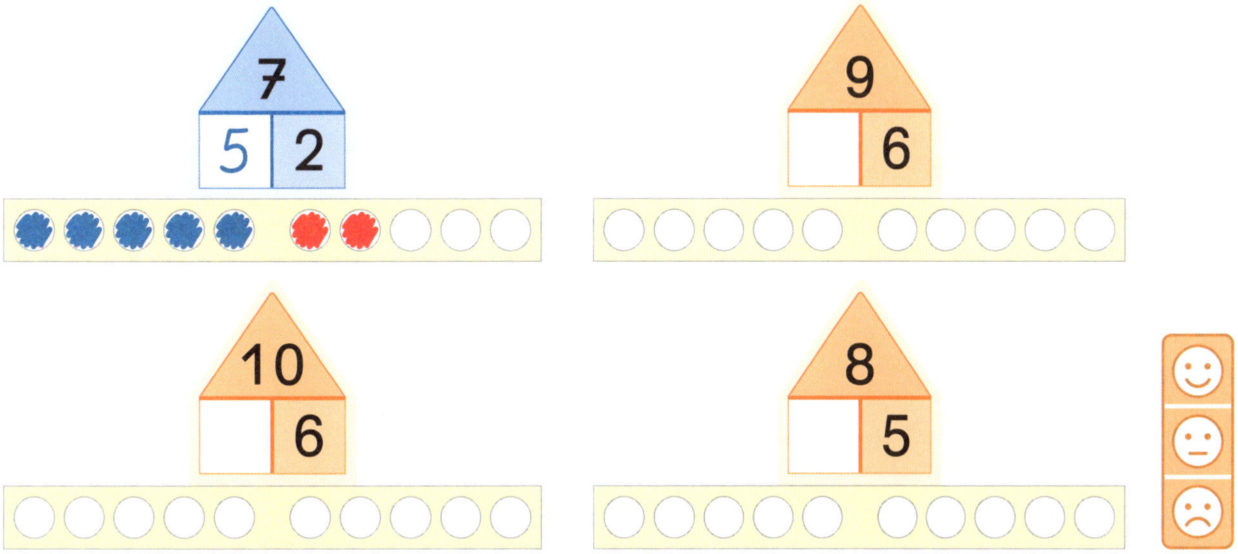

7
| 5 | 2 |

9
| | 6 |

10
| | 6 |

8
| | 5 |

4

5

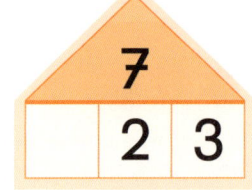

6

Datum: _____

Aufgabe	Kompetenz	sicher	meist	teilweise	noch nicht	Bemerkungen
1	Im Zehnerfeld dargestellte Zahlzerlegungen im Zahlenhaus notieren	○	○	○	○	
2	Vorgegebene Zahlzerlegung mithilfe von Punktebildern im Zehnerfeld vervollständigen					
	Zerlegung im Zehnerfeld darstellen ins Zahlenhaus übertragen	○ ○	○ ○	○ ○	○ ○	
3	Zu vorgegebenen Zahlen mithilfe selbst gezeichneter Punktebilder im Zahlenhaus die erste Zahl finden					
	Zerlegung im Zehnerfeld darstellen ins Zahlenhaus übertragen	○ ○	○ ○	○ ○	○ ○	
4	Ohne Hilfe von Punktebildern zu vorgegebenen Zahlen Zahlzerlegungen finden	○	○	○	○	☐ nutzt Plättchen und das Zehnerfeld als Hilfe
5	Bei Zerlegungen in drei Zahlen im Zahlenhaus fehlende Zahl an unterschiedlichen Stellen ergänzen	○	○	○	○	
6	Zerlegungen zur 10 – „Verliebte" Zahlen: Zahlenpaare ergänzen	○	○	○	○	☐ ohne Hilfsmittel ☐ nutzt Plättchen und das Zehnerfeld als Hilfe

So hast du bei diesem Thema im Unterricht gearbeitet:

Arbeitsweise: ○ selbstständig ○ konzentriert ○ genau

Unterstützungsbedarf: ○ häufig ○ gelegentlich ○ nie

Arbeitstempo: ○ langsam ○ angemessen ○ zügig

Zusätzliche Bemerkungen/Tipps:

Datum: _____

[1]

🔴	🔺	🟨	🟩		🔴	🔺	🟨	🟩
0								

[2]

[3]

Datum: _____

4

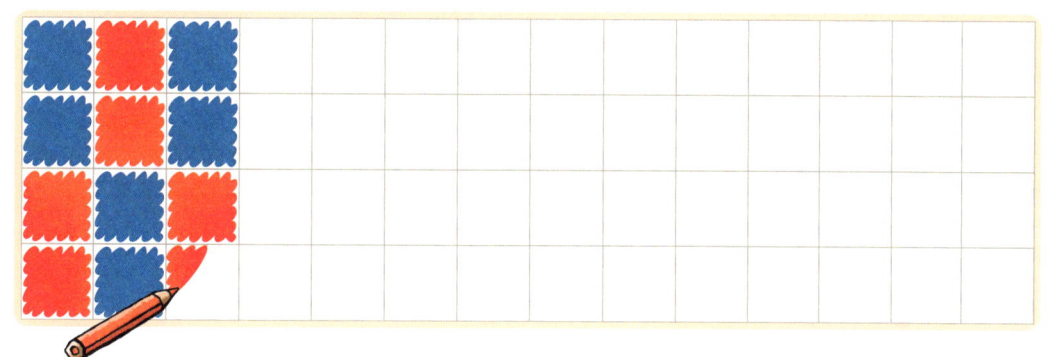

5

Datum: _____

Aufgabe	Kompetenz		sicher	meist	teilweise	noch nicht	Bemerkungen
1	In abgebildeten Gebäuden unterschiedliche geometrische Grundformen erkennen und jeweils Anzahl der einzelnen Formen notieren						
		Kreis	○	○	○	○	
		Dreieck	○	○	○	○	
		Quadrat	○	○	○	○	
		Rechteck	○	○	○	○	
2	Muster in Reihen aus geometrischen Grundformen erkennen und fortsetzen		○	○	○	○	
3	Muster in Reihen aus geometrischen Grundformen erkennen, Fehler finden und markieren		○	○	○	○	
4	Muster erkennen und fortsetzen		○	○	○	○	
5	Kenntnisse über Eigenschaften eines Musters beim Zeichnen eines selbst erfundenen Musters nutzen		○	○	○	○	

So hast du bei diesem Thema im Unterricht gearbeitet:

Arbeitsweise: ○ selbstständig ○ konzentriert ○ genau

Unterstützungsbedarf: ○ häufig ○ gelegentlich ○ nie

Arbeitstempo: ○ langsam ○ angemessen ○ zügig

Zusätzliche Bemerkungen/Tipps:

Datum: _____

1

$4 + 1 = 5$

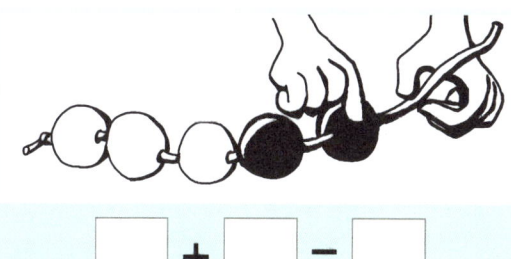

☐ + ☐ = ☐

☐ + ☐ = ☐

☐ + ☐ = ☐

2

☐ + ☐ = ☐

☐ + ☐ = ☐

☐ + ☐ = ☐

☐ + ☐ = ☐

3

$4 + 5 =$ ☐ $2 + 4 =$ ☐ $4 + 3 =$ ☐

$6 + 3 =$ ☐ $5 + 3 =$ ☐ $6 + 2 =$ ☐

4

$4 + 3 =$ ☐   ☐ + ☐ = ☐

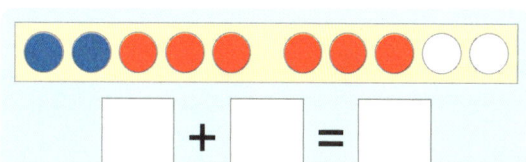

$3 + 4 =$ ☐   ☐ + ☐ = ☐

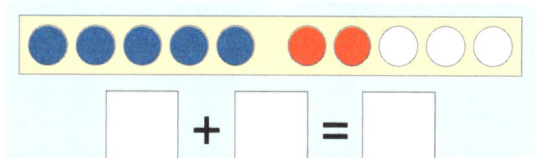

5

$7 + 2 = 9$ $5 + 3 =$ ☐ $2 + 4 =$ ☐

$2 + 7 =$ ☐   ☐ + ☐ = ☐   ☐ + ☐ = ☐

Datum: _____

6   3 + 5 = ☐   4 + 4 = ☐

       4 + 5 = 9

   5 + 5 = ☐☐   4 + 6 = ☐☐

7   2 + ☐ = 5   2 + ☐ = 6

   7 + ☐ = 9   2 + ☐ = 8

8   4 + ☐ = 6   5 + ☐ = 5   2 + ☐ = 7

     5 + ☐ = 8   3 + ☐ = 9   1 + ☐ = 8

9   ☐ + 2 = 6   ☐ + 3 = 7   ☐ + 4 = 8

     ☐ + 4 = 5   ☐ + 2 = 8   ☐ + 2 = 9

10   2 + 4 + ☐ = 9   1 + 3 + ☐ = 7

      5 + 2 + ☐ = 8   4 + ☐ + 3 = 10

      4 + 3 + ☐ = 9   ☐ + 1 + 4 = 6

Datum: _____

Aufgabe	Kompetenz	sicher	meist	teilweise	noch nicht	Bemerkungen
1	In Bildern dargestellte Vorgänge in Plusaufgaben übertragen	○	○	○	○	
2	Zu Punktebildern passende Plusaufgaben finden und lösen	○	○	○	○	
3	Plusaufgaben lösen	○	○	○	○	☐ ohne Hilfsmittel ☐ mit folgenden Hilfsmitteln: _____
4	Tauschaufgaben mithilfe von Punktebildern finden und lösen	○	○	○	○	
5	Tauschaufgaben finden und lösen	○	○	○	○	
6	Nachbaraufgaben lösen	○	○	○	○	
7	Ergänzungsaufgaben mithilfe von Punktebildern lösen	○	○	○	○	
8	Ergänzungsaufgaben lösen	○	○	○	○	☐ ohne Hilfsmittel ☐ mit folgenden Hilfsmitteln: _____
9	Aufgaben mit Platzhalter an erster Stelle lösen	○	○	○	○	☐ ohne Hilfsmittel ☐ mit folgenden Hilfsmitteln: _____
10	Aufgaben mit drei Summanden und Platzhaltern an verschiedenen Stellen lösen	○	○	○	○	☐ ohne Hilfsmittel ☐ mit folgenden Hilfsmitteln: _____

So hast du bei diesem Thema im Unterricht gearbeitet:

Arbeitsweise: ○ selbstständig   ○ konzentriert   ○ genau

Unterstützungsbedarf: ○ häufig   ○ gelegentlich   ○ nie

Arbeitstempo: ○ langsam   ○ angemessen   ○ zügig

Zusätzliche Bemerkungen/Tipps:

Datum: _____

1

2

3

Datum: _____

Aufgabe	Kompetenz	sicher	meist	teilweise	noch nicht	Bemerkungen
1	Von vorgegebenen Gegenständen die Lage im Regal erkennen und entsprechend dokumentieren	○	○	○	○	
2	Aus verschiedenen Perspektiven die Lage von vorgegebenen Bildausschnitten im Bild erkennen und dokumentieren					
	aus der eigenen Perspektive	○	○	○	○	
	aus einer anderen Perspektive	○	○	○	○	
3	Zu vorgegebener Perspektive einen Ausschnitt im Bild einzeichnen					
	aus der eigenen Perspektive	○	○	○	○	
	aus einer anderen Perspektive	○	○	○	○	

So hast du bei diesem Thema im Unterricht gearbeitet:

Arbeitsweise: ○ selbstständig ○ konzentriert ○ genau

Unterstützungsbedarf: ○ häufig ○ gelegentlich ○ nie

Arbeitstempo: ○ langsam ○ angemessen ○ zügig

Zusätzliche Bemerkungen/Tipps:

Datum: _____

1

$6 - 2 = 4$

☐ – ☐ = ☐

☐ – ☐ = ☐

☐ – ☐ = ☐

2

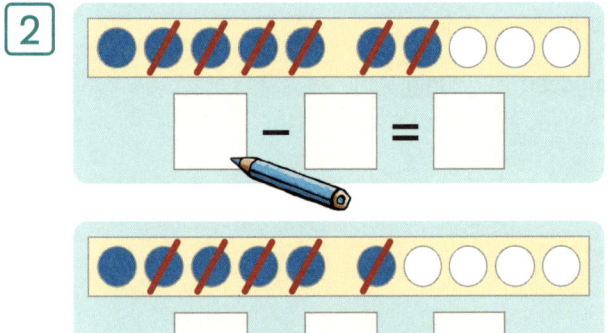

☐ – ☐ = ☐

☐ – ☐ = ☐

☐ – ☐ = ☐

☐ – ☐ = ☐

3

$7 - 3 = $ ☐ $9 - 4 = $ ☐ $8 - 5 = $ ☐

$6 - 4 = $ ☐ $7 - 5 = $ ☐ $10 - 6 = $ ☐

4

$7 - 6 = $ ☐ $8 - 5 = $ ☐

$8 - 6 = 2$

$9 - 6 = $ ☐ $8 - 7 = $ ☐

Datum: _____

5 5 − ☐ = 3    10 − ☐ = 3

7 − ☐ = 4   9 − ☐ = 1

6 7 − ☐ = 5   8 − ☐ = 2   10 − ☐ = 7

6 − ☐ = 3   9 − ☐ = 6   7 − ☐ = 2

7 7 − ☐ = 0   8 − ☐ = 5   9 − ☐ = 7

7 − ☐ = 1   8 − ☐ = 4   9 − ☐ = 8

7 − ☐ = 2   8 − ☐ = 3   9 − ☐ = 9

8 ☐ − 6 = 3   ☐ − 2 = 1   ☐ − 4 = 3

☐ − 4 = 1   ☐ − 3 = 6   ☐ − 2 = 7

9 7 − 3 − ☐ = 2   8 − 3 − ☐ = 1

8 − 2 − ☐ = 3   9 − ☐ − 4 = 3

9 − 4 − ☐ = 4   ☐ − 2 − 3 = 2

Aufgabe	Kompetenz	sicher	meist	teilweise	noch nicht	Bemerkungen
1	In Bildern dargestellte Vorgänge in Minusaufgaben übertragen	○	○	○	○	
2	Zu Punktebildern passende Minusaufgaben finden und lösen	○	○	○	○	
3	Minusaufgaben lösen	○	○	○	○	☐ ohne Hilfsmittel ☐ mit folgenden Hilfsmitteln: _____
4	Nachbaraufgaben lösen	○	○	○	○	
5	Ergänzungsaufgaben mithilfe von Punktebildern lösen	○	○	○	○	
6	Ergänzungsaufgaben lösen	○	○	○	○	☐ ohne Hilfsmittel ☐ mit folgenden Hilfsmitteln: _____
7	Ergänzungsaufgaben in Aufgabenreihen lösen	○	○	○	○	
8	Minusaufgaben mit Platzhalter an erster Stelle lösen	○	○	○	○	☐ ohne Hilfsmittel ☐ mit folgenden Hilfsmitteln: _____
9	Minusaufgaben mit drei Zahlen und Platzhaltern an unterschiedlichen Stellen lösen	○	○	○	○	☐ ohne Hilfsmittel ☐ mit folgenden Hilfsmitteln: _____

So hast du bei diesem Thema im Unterricht gearbeitet:

Arbeitsweise: ○ selbstständig ○ konzentriert ○ genau

Unterstützungsbedarf: ○ häufig ○ gelegentlich ○ nie

Arbeitstempo: ○ langsam ○ angemessen ○ zügig

Zusätzliche Bemerkungen/Tipps:

Datum: _____

41

1

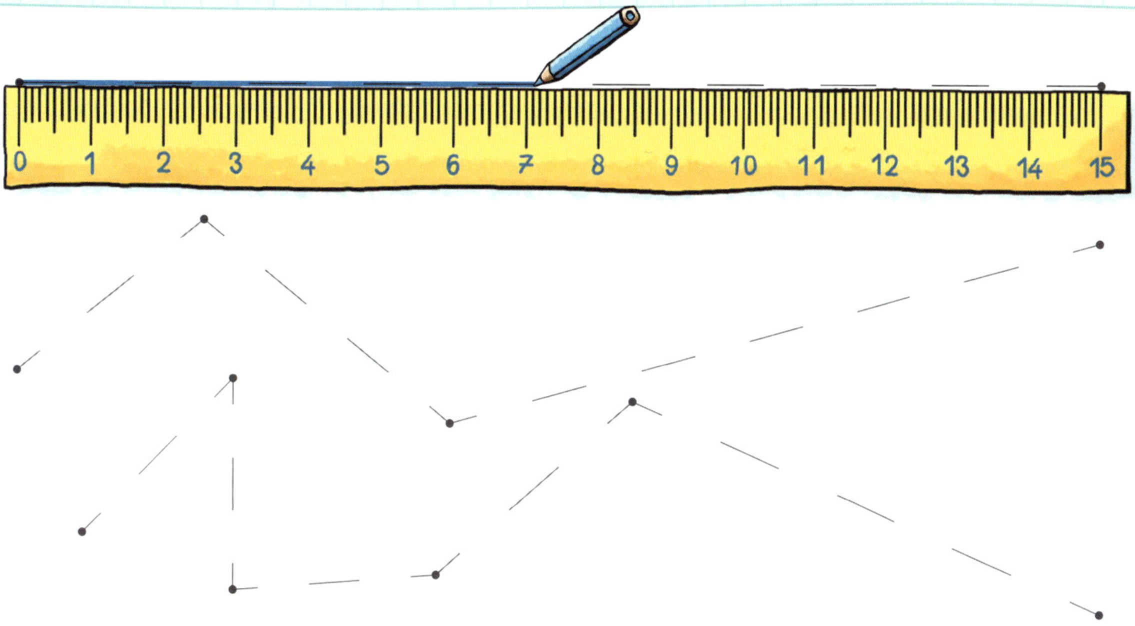

2

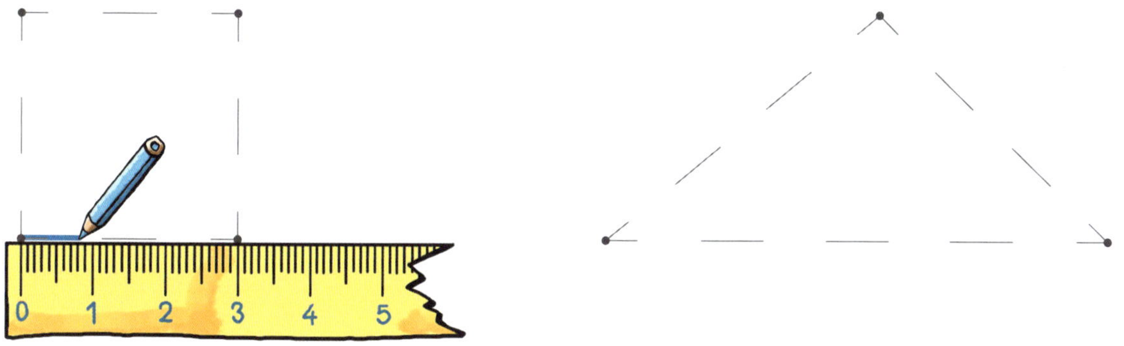

3

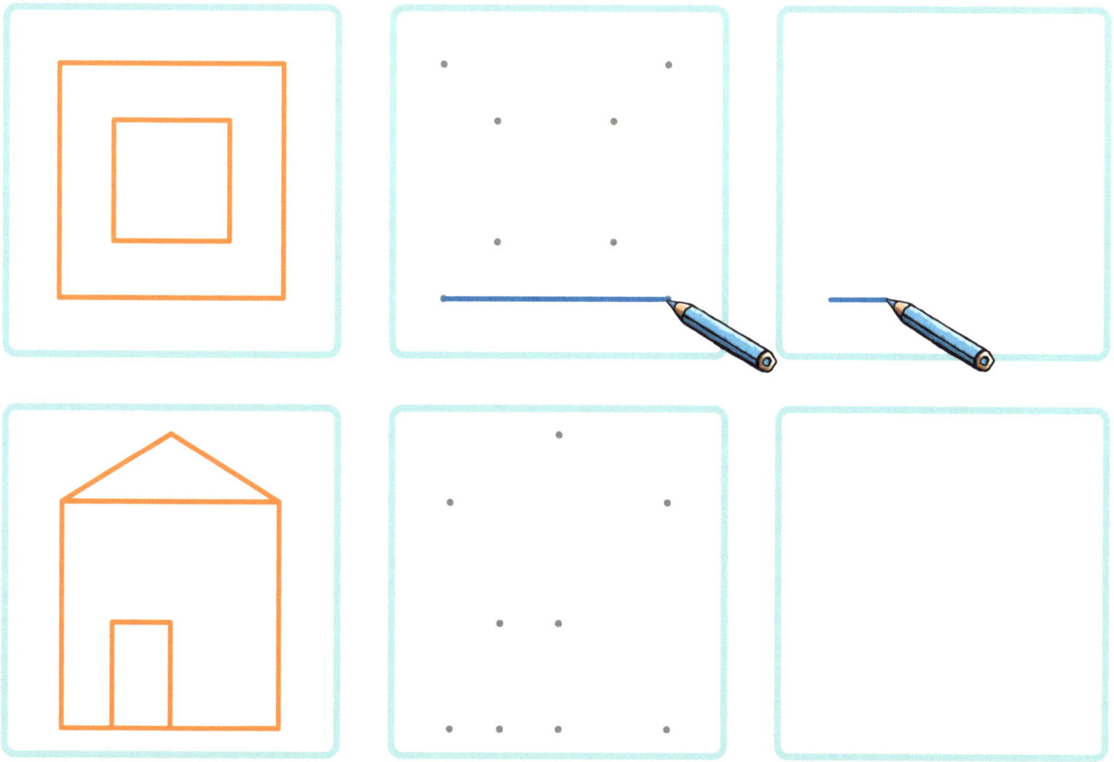

Aufgabe	Kompetenz	sicher	meist	teilweise	noch nicht	Bemerkungen
1	Vorgegebene gestrichelte Linien mit dem Lineal nachzeichnen	○	○	○	○	☐ sachgerechter Umgang mit dem Lineal
2	Vorgegebene geometrische Formen mit dem Lineal nachzeichnen	○	○	○	○	☐ sachgerechter Umgang mit dem Lineal
3	Vorgegebene Figuren ohne Lineal nachzeichnen					
	formgetreu	○	○	○	○	
	mit geraden Linien	○	○	○	○	

So hast du bei diesem Thema im Unterricht gearbeitet:

Arbeitsweise: ○ selbstständig ○ konzentriert ○ genau

Unterstützungsbedarf: ○ häufig ○ gelegentlich ○ nie

Arbeitstempo: ○ langsam ○ angemessen ○ zügig

Zusätzliche Bemerkungen/Tipps:

Datum: _____

1

$+$ ⬡ ⬡

2

$7 - 3 = 4$ ☐ ◯ ☐ = ☐   ☐ ◯ ☐ = ☐

3

$4 \xrightarrow{+3} \xleftarrow{-3} 7$

$4 + \boxed{} = \boxed{}$

$\boxed{} - \boxed{} = \boxed{}$

$\boxed{} \xrightarrow{+2} \xleftarrow{-2} 10$

$\boxed{} - \boxed{} = \boxed{}$

$\boxed{} + \boxed{} = \boxed{}$

4

4   5   9

$4 + 5 = 9$

$\boxed{} + \boxed{} = \boxed{}$

$\boxed{} - \boxed{} = \boxed{}$

$\boxed{} - \boxed{} = \boxed{}$

6   10   ☐

$\boxed{} + \boxed{} = \boxed{}$

$\boxed{} + \boxed{} = \boxed{}$

$\boxed{} - \boxed{} = \boxed{}$

$\boxed{} - \boxed{} = \boxed{}$

Datum: _____

⑤ 5 + 3 = ☐   9 − 4 = ☐   5 + ☐ = 7

9 − 3 = ☐   4 + 2 = ☐   7 − ☐ = 3

⑥ 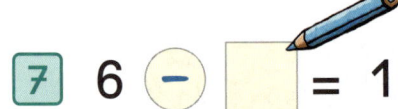 6 ◯ 3 = 9   10 ◯ 3 = 7

5 ◯ 2 = 7   9 ◯ 7 = 2   3 ◯ 5 = 8

⑦ 6 − ☐ = 1   2 ◯ ☐ = 8   5 ◯ ☐ = 7

8 ◯ ☐ = 3   1 ◯ ☐ = 9   9 ◯ ☐ = 5

⑧

+	3	5	4
2			
5			

−	2	6	5
10			
8			

⑨

⑩

+	2	4	
5			10
	6		

Datum: _____

Aufgabe	Kompetenz	sicher	meist	teilweise	noch nicht	Bemerkungen
1	Zu in Bildern dargestellten Vorgängen passende Rechenzeichen finden	○	○	○	○	
2	Zu in Bildern dargestellten Vorgängen passende Rechenaufgaben finden	○	○	○	○	
3	Umkehraufgaben ablesen und lösen	○	○	○	○	
4	Aufgabenfamilien zusammenstellen					
	mit vorgegebenen Zahlen	○	○	○	○	
	mit einer fehlenden Zahl	○	○	○	○	
5	Plus- und Minusaufgaben lösen	○	○	○	○	☐ ohne Hilfsmittel ☐ mit folgenden Hilfsmitteln: _____
	Ergänzungsaufgaben lösen	○	○	○	○	☐ ohne Hilfsmittel ☐ mit folgenden Hilfsmitteln: _____
6	In vorgegebenen Aufgaben passende Rechenzeichen ergänzen	○	○	○	○	
7	In vorgegebenen Ergänzungsaufgaben passende Rechenzeichen und Zahlen ergänzen					
	Rechenzeichen	○	○	○	○	
	Zahlen	○	○	○	○	
8	Aufgaben in Rechentabellen lösen					
	Plusaufgaben	○	○	○	○	
	Minusaufgaben	○	○	○	○	
9	Zahlenmauern vervollständigen	○	○	○	○	
10	Aufgaben mit Platzhaltern an unterschiedlichen Stellen lösen					
	in Rechentabellen	○	○	○	○	
	in Zahlenmauern	○	○	○	○	

So hast du bei diesem Thema im Unterricht gearbeitet:

Arbeitsweise: ○ selbstständig ○ konzentriert ○ genau

Unterstützungsbedarf: ○ häufig ○ gelegentlich ○ nie

Arbeitstempo: ○ langsam ○ angemessen ○ zügig

Zusätzliche Bemerkungen/Tipps:

Datum: _____

1

2

3

Aufgabe	Kompetenz		sicher	meist	teilweise	noch nicht	Bemerkungen
1	Alltagsgegenstände den geometrischen Körpern passend zuordnen						
		Würfel	○	○	○	○	
		Quader	○	○	○	○	
		Kugel	○	○	○	○	
2	Geometrische Körper in Bauwerken aus Bauklötzen erkennen, passend einfärben und jeweils Anzahl bestimmen						
		Würfel	○	○	○	○	
		Quader	○	○	○	○	
		Kugel	○	○	○	○	
3	Vorgegebene Flächen von Würfel und Quader erkennen und zuordnen						
		Würfel	○	○	○	○	
		Quader	○	○	○	○	

So hast du bei diesem Thema im Unterricht gearbeitet:

Arbeitsweise: ○ selbstständig   ○ konzentriert   ○ genau

Unterstützungsbedarf: ○ häufig   ○ gelegentlich   ○ nie

Arbeitstempo: ○ langsam   ○ angemessen   ○ zügig

Zusätzliche Bemerkungen/Tipps:

Datum: _____

1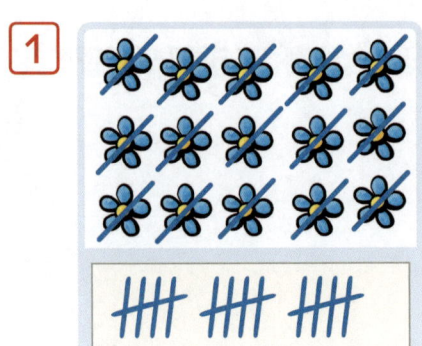

2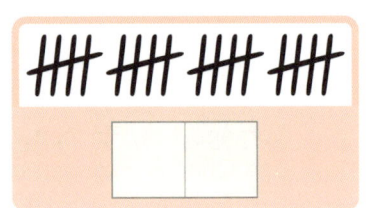

3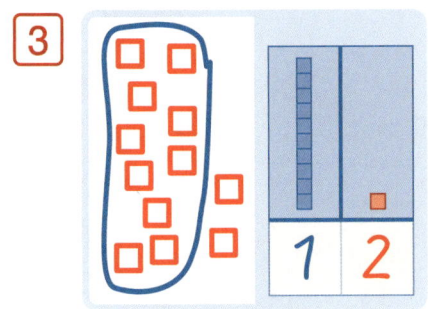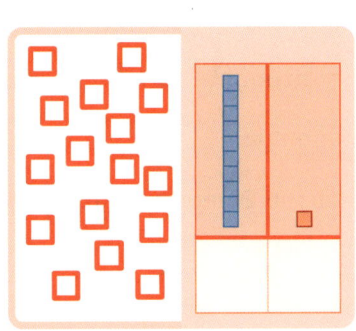

4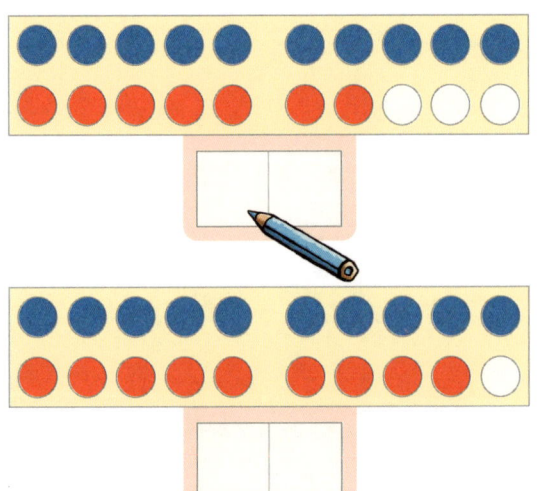

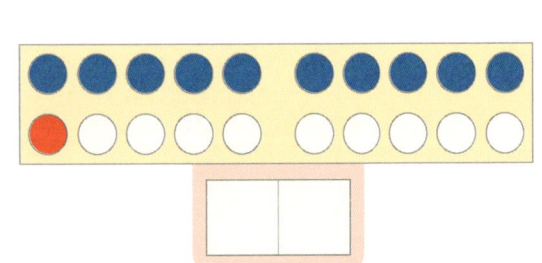

Datum: _____

⑤

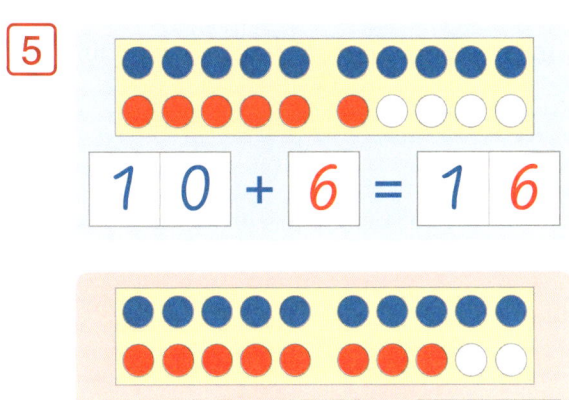

$$1\ 0\ +\ 6\ =\ 1\ 6$$

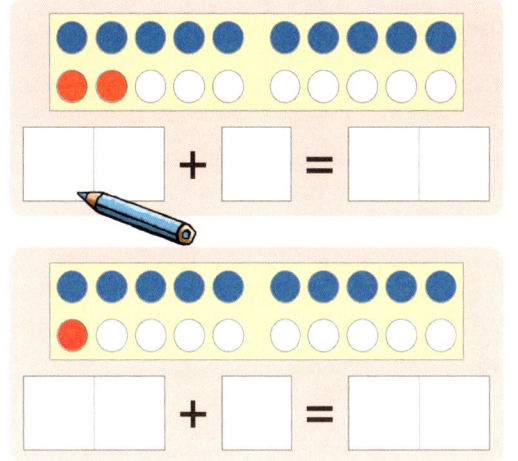

☐ + ☐ = ☐

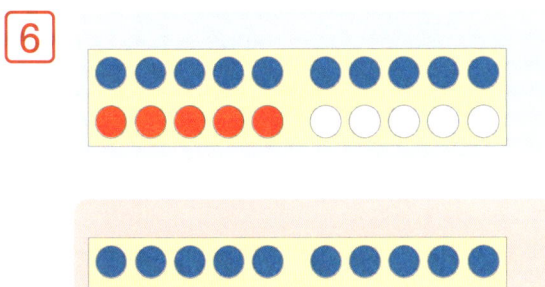

☐ + ☐ = ☐

☐ + ☐ = ☐

⑥

Z	E
1	5

Z	E

Z	E

⑦

$$1\ 3\ =\ 1\ 0\ +\ 3$$

Z	E
1	3

$$1\ 7\ =\ 1\ 0\ +\ 7$$

Z	E

☐ = ☐ + ☐

Z	E

☐ = ☐ + ☐

Z	E
1	9

Datum: _____

Aufgabe	Kompetenz	sicher	meist	teilweise	noch nicht	Bemerkungen
1	Dinge zählen – Strichlisten erstellen	○	○	○	○	
2	Zu vorgegebenen Strichlisten Anzahlen bestimmen	○	○	○	○	
3	Anzahl von Steckwürfeln ermitteln – Zehnerbündelung als Zählhilfe nutzen	○	○	○	○	
4	Im Zwanzigerfeld dargestellte Zahlen bestimmen	○	○	○	○	
5	Im Zwanzigerfeld dargestellte Zahlen als Plusaufgabe notieren	○	○	○	○	
6	Im Zwanzigerfeld dargestellte Zahlen ermitteln und in Stellentafel übertragen	○	○	○	○	
7	Zahlen von einer Darstellung in eine andere übertragen					
	im Zwanzigerfeld darstellen	○	○	○	○	
	als additive Zerlegung darstellen	○	○	○	○	
	in Stellentafel darstellen	○	○	○	○	

So hast du bei diesem Thema im Unterricht gearbeitet:

Arbeitsweise: ○ selbstständig ○ konzentriert ○ genau

Unterstützungsbedarf: ○ häufig ○ gelegentlich ○ nie

Arbeitstempo: ○ langsam ○ angemessen ○ zügig

Zusätzliche Bemerkungen/Tipps:

Datum: _____

1

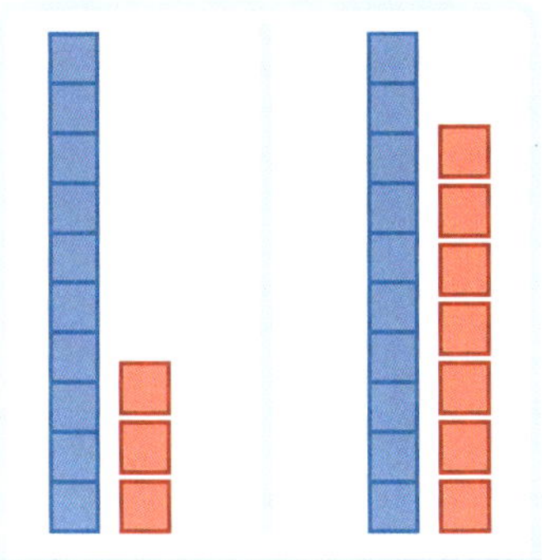

1 3 **<** 1 7

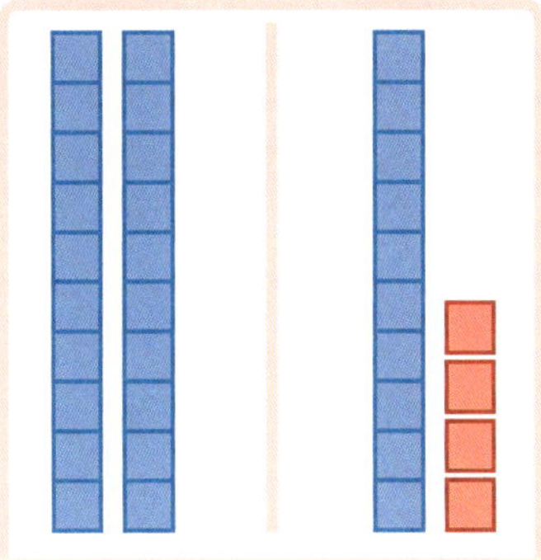

☐ ◯ ☐

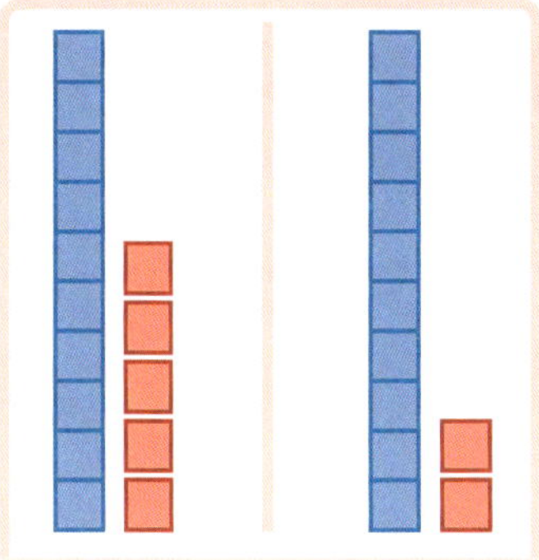

☐ ◯ ☐

😊 😐 ☹️

2

12 **<** 17   15 ◯ 11   19 ◯ 20

20 ◯ 16   12 ◯ 15   18 ◯ 18

😊 😐 ☹️

3

12 < ☐   ☐ > 13   19 < ☐

15 > ☐   ☐ < 18   ☐ < 11

😊 😐 ☹️

4

~~9~~ 17 11 13 15

9 < ☐ < ☐ < ☐ < ☐

12 14 13 19 16

☐ > ☐ > ☐ > ☐ > ☐

😊 😐 ☹️

5

~~11~~ 13
16   18

11 < ☐

☐ < ☐

13   18
12   9

☐ > ☐

☐ > ☐

😊 😐 ☹️

6 | 13 | 14 | 15 | | 12 | | 14 | | | | 17 | ☺ 😐 ☹

| | 15 | | | | 19 | | | 10 | | |

7 | 8 | 9 | 10 | | | | | | ☺ 😐 ☹

| 17 | 16 | 15 | | | | | |

8 | | | 18 | | | | 14 | | | ☺ 😐 ☹

| | | | 13 | | | | | 18 |

9 +2

| 2 | 4 | 6 | | | | 14 | | |

| | | 16 | | 12 | | 8 | | | ☺ 😐 ☹

10 3

0 1 2 3 4 **5** 6 7 8 9 **10** 11 12 13 14 **15** 16 17 18 19 **20**

2

0   5   10   15   20   ☺ 😐 ☹

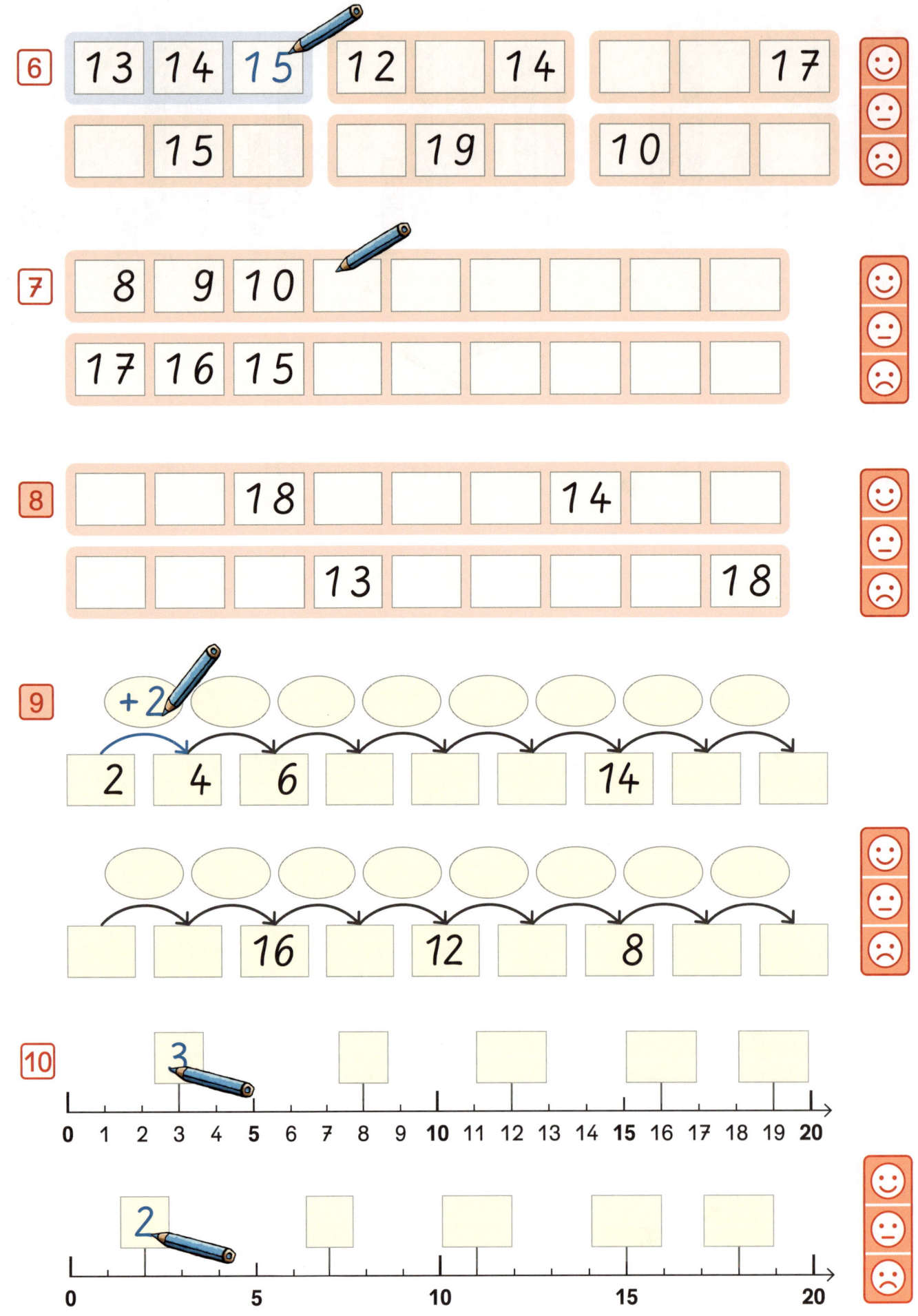

Datum: _____

Aufgabe	Kompetenz		sicher	meist	teilweise	noch nicht	Bemerkungen
1	Zu als Steckwürfelstangen und Einzelwürfeln dargestellten Zahlen Zahlvergleiche notieren		○	○	○	○	
2	Zahlen vergleichen, >, <, = passend einsetzen		○	○	○	○	
3	In Ungleichungen eine passende Zahl ergänzen		○	○	○	○	
4	Zahlen der Größe nach ordnen						
		mit der kleinsten Zahl beginnend	○	○	○	○	
		mit der größten Zahl beginnend	○	○	○	○	
5	Vorgegebene Zahlen passend in Ungleichungen einsetzen		○	○	○	○	
6	Nachbarzahlen finden	Vorgänger	○	○	○	○	
		Nachfolger	○	○	○	○	
7	In Zahlenfolgen fehlende Zahlen ergänzen						
		in aufsteigender Zahlenfolge	○	○	○	○	
		in absteigender Zahlenfolge	○	○	○	○	
8	Richtung einer Zahlenfolge erkennen, Zahlenfolge vervollständigen						
		in aufsteigender Zahlenfolge	○	○	○	○	
		in absteigender Zahlenfolge	○	○	○	○	
9	Schrittfolge einer Zahlenreihe erkennen und diese fortsetzen	+2	○	○	○	○	
		−2	○	○	○	○	
10	Zahlen am Zahlenstrahl						
	mit vollständig beschrifteter Skala ablesen		○	○	○	○	
	mit Fünferskalierung ablesen		○	○	○	○	

So hast du bei diesem Thema im Unterricht gearbeitet:

Arbeitsweise: ○ selbstständig ○ konzentriert ○ genau

Unterstützungsbedarf: ○ häufig ○ gelegentlich ○ nie

Arbeitstempo: ○ langsam ○ angemessen ○ zügig

Zusätzliche Bemerkungen/Tipps:

Datum: _____

1

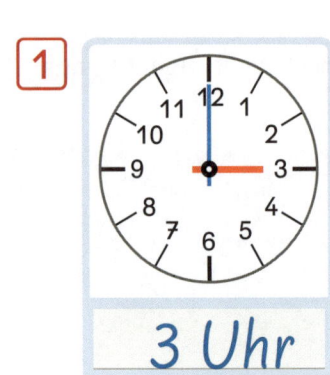

3 Uhr
15 Uhr

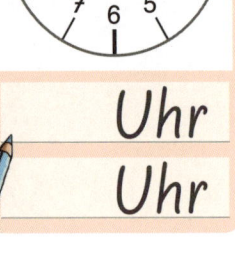

Uhr
Uhr

Uhr
Uhr

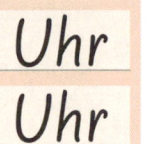

Uhr
Uhr

2

8 Uhr

11 Uhr

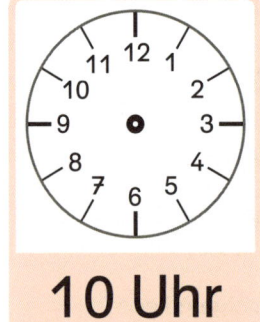

10 Uhr

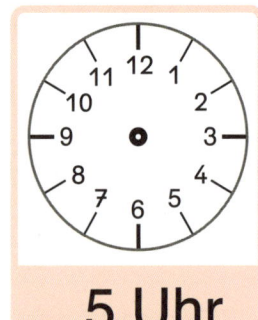

5 Uhr

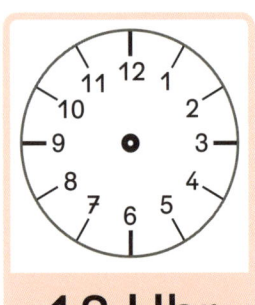

18 Uhr

20 Uhr

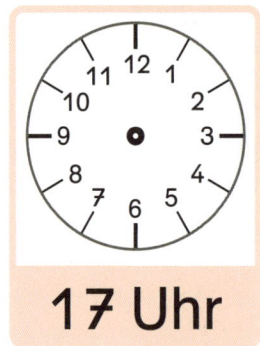

17 Uhr

22 Uhr

3

Uhr

Uhr

4

20 Uhr **9 Uhr** **16 Uhr** **22 Uhr** **11 Uhr** **15 Uhr**

Datum: _____

Aufgabe	Kompetenz		sicher	meist	teilweise	noch nicht	Bemerkungen
1	Zu einer vorgegebenen Zeigerstellung beide möglichen Uhrzeiten ablesen und notieren						
		erste Tageshälfte	○	○	○	○	
		zweite Tageshälfte	○	○	○	○	
2	Zu vorgegebenen Uhrzeiten die Zeigerstellung eintragen						
		erste Tageshälfte	○	○	○	○	
		zweite Tageshälfte	○	○	○	○	
3	Zur Tätigkeit und der daraus abgeleiteten Tageszeit die passende Uhrzeit ablesen und notieren		○	○	○	○	
4	Einer Tätigkeit und der daraus abgeleiteten Tageszeit passende Uhrzeiten zuordnen		○	○	○	○	

So hast du bei diesem Thema im Unterricht gearbeitet:

Arbeitsweise: ○ selbstständig ○ konzentriert ○ genau

Unterstützungsbedarf: ○ häufig ○ gelegentlich ○ nie

Arbeitstempo: ○ langsam ○ angemessen ○ zügig

Zusätzliche Bemerkungen/Tipps:

Datum: _____

1️⃣ 4 + 3 = ☐   5 − 2 = ☐

14 + 3 = ☐☐   15 − 2 = ☐☐

2 + 6 = ☐   7 − 4 = ☐

12 + 6 = ☐☐   17 − 4 = ☐☐

1 + 4 = ☐   9 − 7 = ☐

11 + 4 = ☐☐   19 − 7 = ☐☐

2️⃣ 1 + 7 = ☐   ☐ − ☐ = ☐

11 + 7 = ☐☐   15 − 4 = ☐☐

☐ + ☐ = ☐   ☐ − ☐ = ☐

13 + 4 = ☐☐   17 − 5 = ☐☐

☐ + ☐ = ☐   ☐ − ☐ = ☐

14 + 5 = ☐☐   19 − 6 = ☐☐

3️⃣ 3 + 2 = 5   6 − ☐ = 2

13 + 2 = 15   16 − ☐ = 12

4 + ☐ = 10   8 − ☐ = 4

14 + ☐ = 20   18 − ☐ = 14

Datum: _____

4

$5 + 3 =$	8

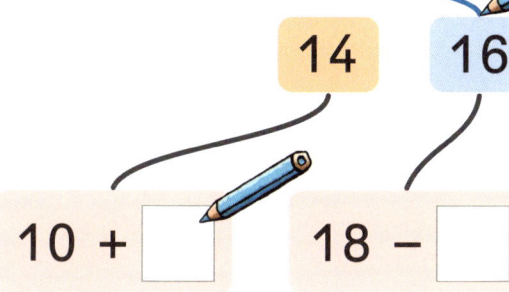

$15 + \boxed{} = 18$

$\boxed{} + \boxed{} = \boxed{}$

$16 + \boxed{} = 20$

$\boxed{} - \boxed{} = \boxed{}$

$17 - \boxed{} = 11$

$\boxed{} - \boxed{} = \boxed{}$

$19 - \boxed{} = 16$

5

| 19 – 3 | 11 + 3 | 20 – 3 | 15 + 4 |

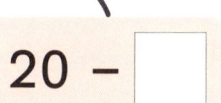

| 14 | 16 | 19 | 17 |

| 10 + ☐ | 18 – ☐ | 20 – ☐ | 13 + ☐ |

6

+	5	2	4	6
3				
13				

–	2	4	6	3
9				
19				

7

+	4	2		1
	10		9	
16				

–		5	4	
7	4			1
17				

Datum: _____

Aufgabe	Kompetenz		sicher	meist	teilweise	noch nicht	Bemerkungen
1	Verwandte Plus- und Minusaufgaben lösen						
		Plusaufgaben	○	○	○	○	
		Minusaufgaben	○	○	○	○	
2	Verwandte Plus- und Minusaufgaben lösen: kleine Aufgaben finden und als Lösungshilfe nutzen						
		Plusaufgaben	○	○	○	○	
		Minusaufgaben	○	○	○	○	
3	Vorgegebene verwandte Ergänzungsaufgaben lösen						
		Plusaufgaben	○	○	○	○	
		Minusaufgaben	○	○	○	○	
4	Verwandte Ergänzungsaufgaben lösen: kleine Aufgaben finden und als Lösungshilfe nutzen						
		Plusaufgaben	○	○	○	○	
		Minusaufgaben	○	○	○	○	
5	Plus- und Minusaufgaben lösen		○	○	○	○	
	Ergänzungsaufgaben lösen		○	○	○	○	
6	Aufgaben in Rechentabellen lösen						
		Plusaufgaben	○	○	○	○	
		Minusaufgaben	○	○	○	○	
7	Aufgaben in Rechentabellen mit Platzhaltern an unterschiedlichen Stellen lösen						
		Plusaufgaben	○	○	○	○	
		Minusaufgaben	○	○	○	○	

So hast du bei diesem Thema im Unterricht gearbeitet:

Arbeitsweise: ○ selbstständig ○ konzentriert ○ genau

Unterstützungsbedarf: ○ häufig ○ gelegentlich ○ nie

Arbeitstempo: ○ langsam ○ angemessen ○ zügig

Zusätzliche Bemerkungen/Tipps:

Datum: _____

1

2

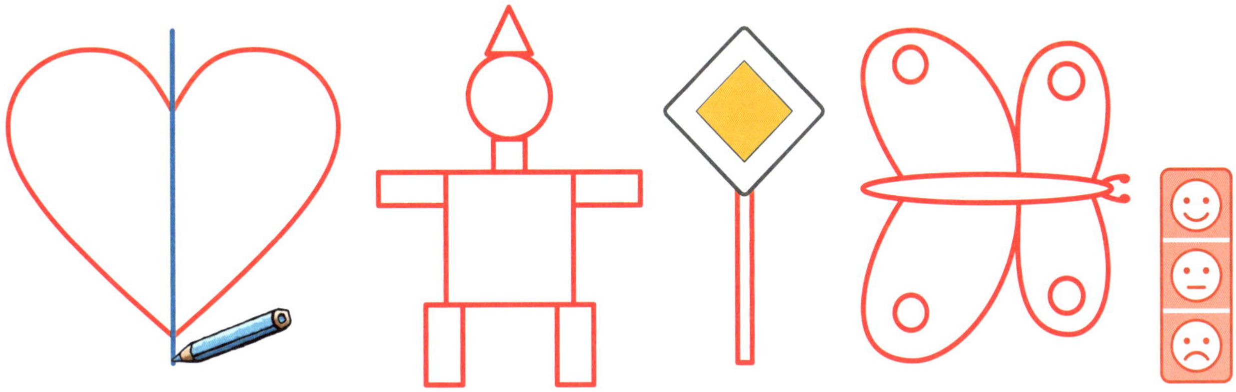

3

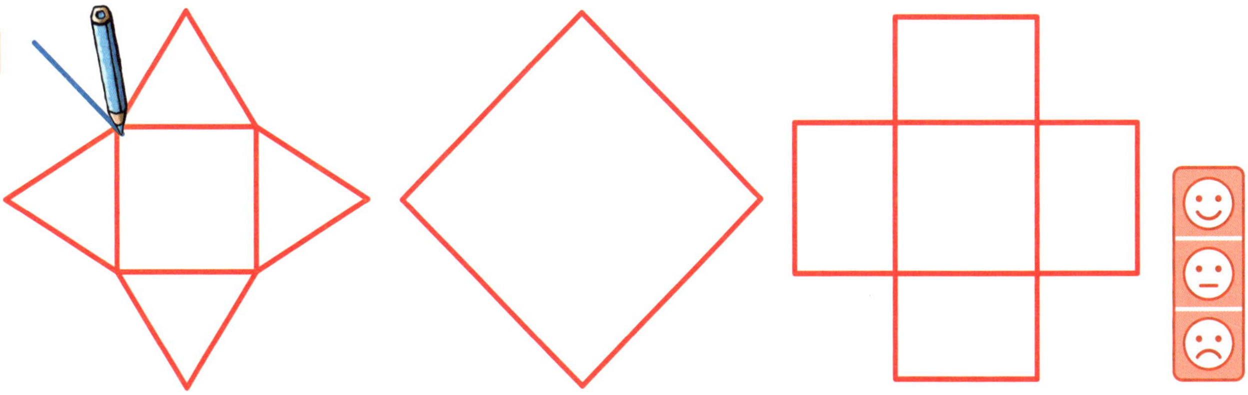

4

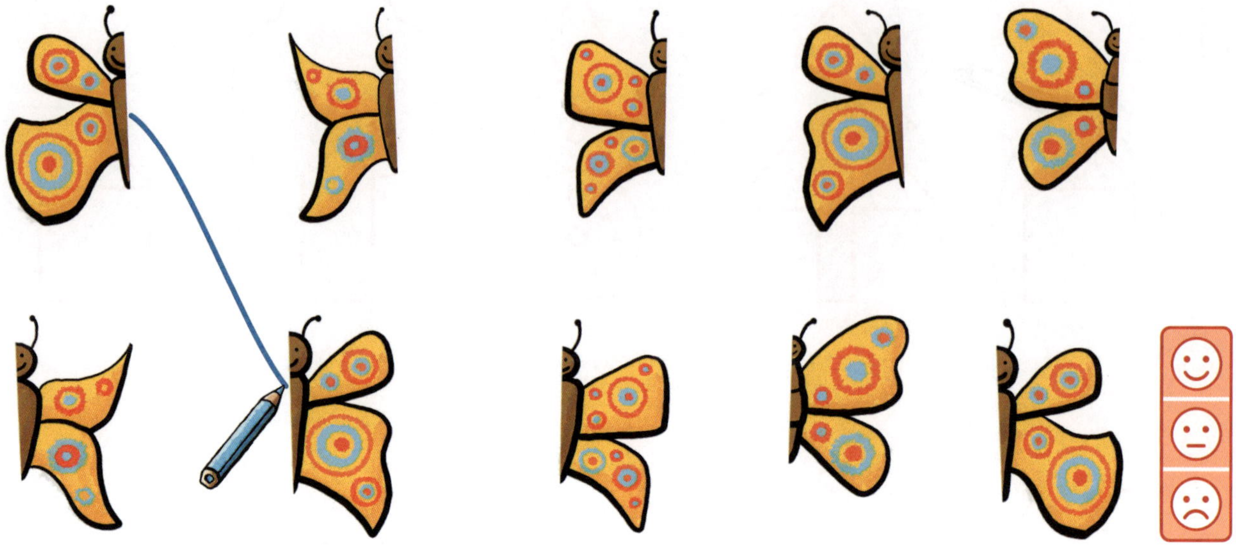

5

6

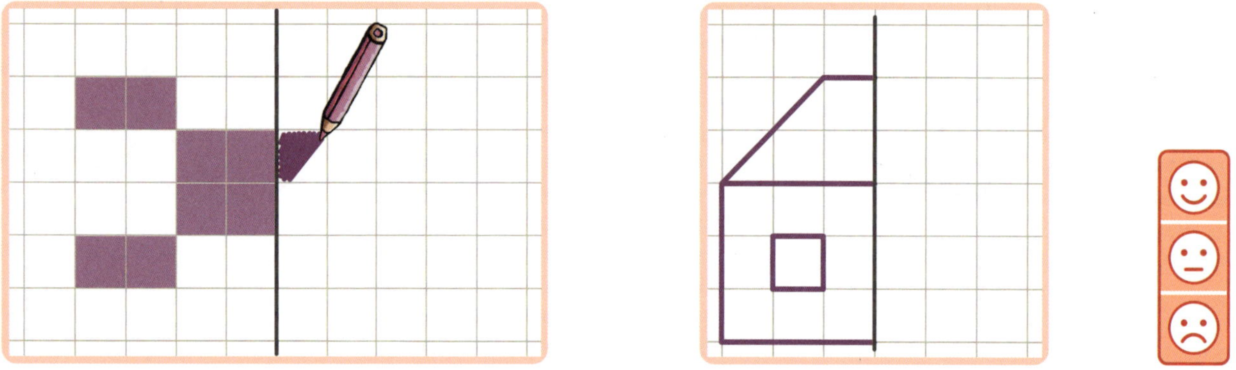

7

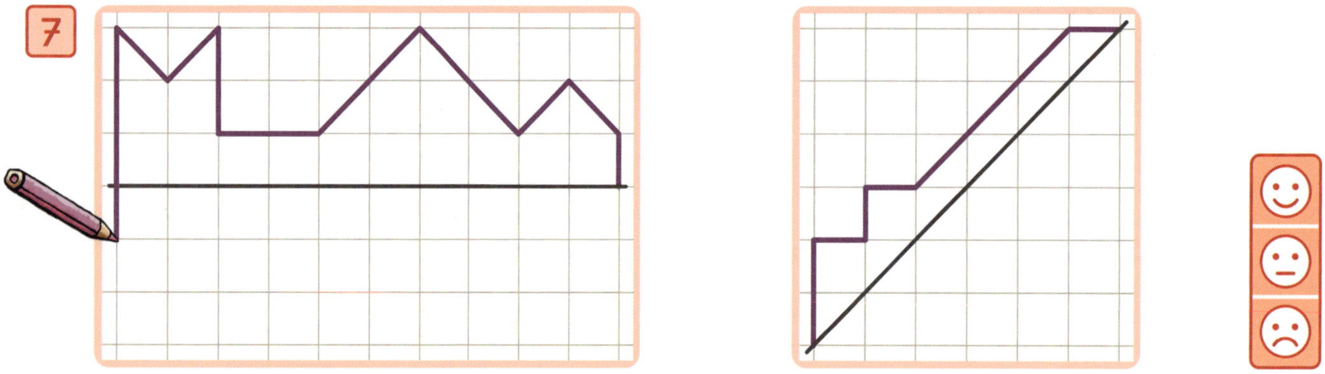

Datum: _____

Aufgabe	Kompetenz	sicher	meist	teilweise	noch nicht	Bemerkungen
1	Symmetrische Figuren erkennen	○	○	○	○	
2	Symmetrieachse einzeichnen	○	○	○	○	
3	Alle möglichen Symmetrieachsen einzeichnen	○	○	○	○	
4	Zu symmetrischen Figuren zusammensetzen: jeweils passende Schmetterlingshälften zuordnen	○	○	○	○	
5	Durch passendes Einfärben eine symmetrische Figur erzeugen	○	○	○	○	
6	Auf Karopapier vorgegebene Figuren bei senkrecht liegender Symmetrieachse symmetrisch ergänzen	○	○	○	○	
7	Auf Karopapier vorgegebene Figuren symmetrisch ergänzen					
	bei waagerecht liegender Symmetrieachse	○	○	○	○	
	bei diagonal liegender Symmetrieachse	○	○	○	○	

So hast du bei diesem Thema im Unterricht gearbeitet:

Arbeitsweise: ○ selbstständig ○ konzentriert ○ genau

Unterstützungsbedarf: ○ häufig ○ gelegentlich ○ nie

Arbeitstempo: ○ langsam ○ angemessen ○ zügig

Zusätzliche Bemerkungen/Tipps:

Datum: _____

1

$6 + 6 = \boxed{}$

$\boxed{} + \boxed{} = \boxed{}$

2

$1\,4 = 7 + \boxed{}$

$\boxed{} = \boxed{} + \boxed{}$

3

die Zahl	3	7	6	8
das Doppelte	6			

die Zahl	10	8	20	18
die Hälfte	5			

4

 3

 12

 8

5

$2 + 2 = \boxed{}$ $6 + 6 = \boxed{}$ $5 + 5 = \boxed{}$

$4 + 4 = \boxed{}$ $9 + 9 = \boxed{}$ $8 + 8 = \boxed{}$

6

$8 - 4 = \boxed{}$ $14 - 7 = \boxed{}$ $16 - 8 = \boxed{}$

$6 - 3 = \boxed{}$ $18 - 9 = \boxed{}$ $20 - 10 = \boxed{}$

Datum: _____

7

1 + 1 → 2

☐ + ☐ → 6

☐ + ☐ → 14

☐ + ☐ → 18

2 4 10 6 14 8 12 18

4 → ☐ + ☐

10 → ☐ + ☐

8 → ☐ + ☐

12 → ☐ + ☐

☺ 😐 ☹

8

4 − 2 → 2

☐☐ − ☐ → 6

☐☐ − ☐☐ → 10

2 8 6 4 7 10

8 → ☐☐ − ☐

4 → ☐ − ☐

7 → ☐☐ − ☐

☺ 😐 ☹

9

gerade Zahlen: 16 ☐ ☐ ☐ ☐ ☐ ☐ ☐ ☐ ☐

~~1~~	15	14	18	7	20	2	9	4	10
~~16~~	17	3	19	8	12	6	11	5	13

ungerade Zahlen: 1 ☐ ☐ ☐ ☐ ☐ ☐ ☐ ☐ ☐

☺ 😐 ☹

Datum: ____________________

Aufgabe	Kompetenz	sicher	meist	teilweise	noch nicht	Bemerkungen
1	Zu Punktebildern passende Verdopplungsaufgaben finden	○	○	○	○	
2	Zu Punktebildern passende Halbierungsaufgaben finden	○	○	○	○	
3	In einer Tabelle gegebene Zahlen verdoppeln	○	○	○	○	
	In einer Tabelle gegebene Zahlen halbieren	○	○	○	○	
4	In bildlich dargestellten Alltagssituationen verdoppeln und halbieren	○	○	○	○	
5	Aufgaben zum Verdoppeln lösen	○	○	○	○	
6	Aufgaben zum Halbieren lösen	○	○	○	○	
7	Zu vorgegebenen Ergebnissen Verdopplungsaufgaben finden	○	○	○	○	
8	Zu vorgegebenen Ergebnissen Halbierungsaufgaben finden	○	○	○	○	
9	Zahlen nach der Eigenschaft „gerade" und „ungerade" ordnen					
	gerade	○	○	○	○	
	ungerade	○	○	○	○	

So hast du bei diesem Thema im Unterricht gearbeitet:

Arbeitsweise: ○ selbstständig ○ konzentriert ○ genau

Unterstützungsbedarf: ○ häufig ○ gelegentlich ○ nie

Arbeitstempo: ○ langsam ○ angemessen ○ zügig

Zusätzliche Bemerkungen/Tipps:

Datum: _____

1

	Tom
	Anne
	Lisa

2

3

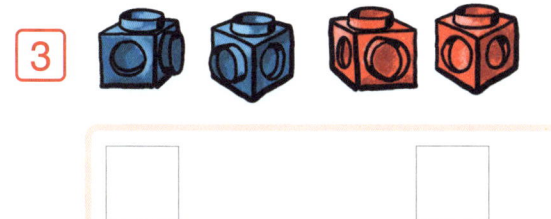

4

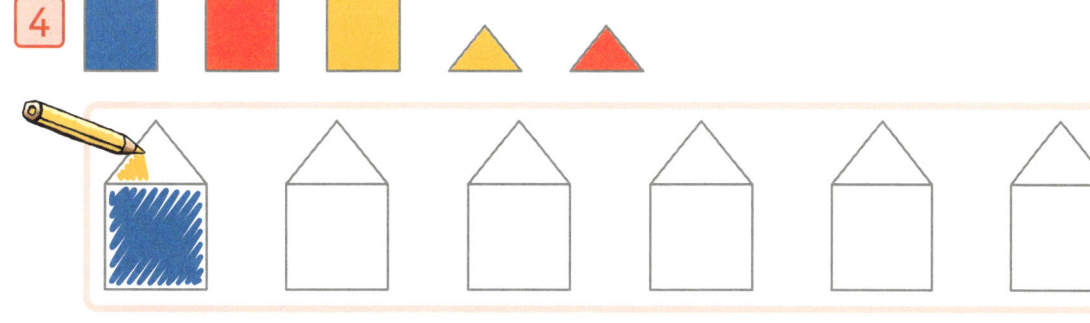

Aufgabe	Kompetenz	sicher	meist	teilweise	noch nicht	Bemerkungen
1	Einer Tabelle Informationen entnehmen	○	○	○	○	
2	Vorgegebene Informationen in einer Tabelle notieren	○	○	○	○	
3	Alle möglichen unterschiedlichen Zweiertürme aus blauen und roten Steckwürfeln zeichnen	○	○	○	○	Vorgehen: ☐ unsystematisch ☐ Systematik erkennbar
4	Aus farbigen Quadraten und Dreiecken alle möglichen Häuser zusammenstellen	○	○	○	○	Vorgehen: ☐ unsystematisch ☐ Systematik erkennbar

So hast du bei diesem Thema im Unterricht gearbeitet:

Arbeitsweise: ○ selbstständig ○ konzentriert ○ genau

Unterstützungsbedarf: ○ häufig ○ gelegentlich ○ nie

Arbeitstempo: ○ langsam ○ angemessen ○ zügig

Zusätzliche Bemerkungen/Tipps:

Datum: _____

1 Löse zuerst die Verdopplungsaufgabe.
Löse danach die beiden Nachbaraufgaben.

$7 + 6 = \boxed{}$ $6 + 5 = \boxed{}$

$7 + 7 = \boxed{}$ $6 + 6 = \boxed{}$

$7 + 8 = \boxed{}$ $6 + 7 = \boxed{}$

2 Finde und löse zuerst die Verdopplungsaufgabe.

$8 + 7 = \boxed{}$, denn $\boxed{} + \boxed{} = \boxed{}$

$7 + 6 = \boxed{}$, denn $\boxed{} + \boxed{} = \boxed{}$

$5 + 6 = \boxed{}$, denn $\boxed{} + \boxed{} = \boxed{}$

3 Rechne zuerst die Aufgaben mit 10.

$10 + 6 = \boxed{}$ $10 + 4 = \boxed{}$

$9 + 6 = \boxed{}$ $9 + 4 = \boxed{}$

$5 + 10 = \boxed{}$ $8 + 10 = \boxed{}$

$5 + 9 = \boxed{}$ $8 + 9 = \boxed{}$

4 Nutze die Tauschaufgabe.

$4 + 9 = \boxed{}$, denn $9 + 4 = \boxed{}$

$3 + 8 = \boxed{}$, denn $\boxed{} + \boxed{} = \boxed{}$

$4 + 7 = \boxed{}$, denn $\boxed{} + \boxed{} = \boxed{}$

Datum: _____

5 Rechne bis 10 und dann weiter.

4 + 8 = ☐☐
4 + ☐ + ☐ = ☐☐

7 + 5 = ☐☐
7 + ☐ + ☐ = ☐☐

6 + 8 = ☐☐
6 + ☐ + ☐ = ☐☐

8 + 5 = ☐☐
8 + ☐ + ☐ = ☐☐

6 Rechne geschickt.

Kreuze an, wie du rechnest. Schreibe deine Rechnung auf.

8 + 7 = ☐☐

○ mit der Nachbaraufgabe
○ bis 10 und dann weiter
○ mit der Tauschaufgabe
○ zuerst +10

6 + 9 = ☐☐

○ mit der Nachbaraufgabe
○ bis 10 und dann weiter
○ mit der Tauschaufgabe
○ zuerst +10

3 + 8 = ☐☐

○ mit der Nachbaraufgabe
○ bis 10 und dann weiter
○ mit der Tauschaufgabe
○ zuerst +10

6 + 8 = ☐☐

○ mit der Nachbaraufgabe
○ bis 10 und dann weiter
○ mit der Tauschaufgabe
○ zuerst +10

Datum: _____

Aufgabe	Kompetenz	sicher	meist	teilweise	noch nicht	Bemerkungen
1	Verdopplungsaufgaben lösen	○	○	○	○	
	Nachbaraufgaben lösen	○	○	○	○	
2	Verdopplungsaufgaben als Rechenhilfe finden und nutzen	○	○	○	○	
3	Bei Aufgaben mit 9 Nachbaraufgabe mit 10 als Rechenhilfe nutzen	○	○	○	○	
4	Tauschaufgaben als Rechenhilfe finden und nutzen	○	○	○	○	
5	Aufgaben mit der Strategie „bis 10 und dann weiter" lösen	○	○	○	○	
6	Aufgabenbezogen geeignete Strategie zum vorteilhaften Rechnen erkennen und als Rechenhilfe nutzen	○	○	○	○	

So hast du bei diesem Thema im Unterricht gearbeitet:

Arbeitsweise: ○ selbstständig   ○ konzentriert   ○ genau

Unterstützungsbedarf: ○ häufig   ○ gelegentlich   ○ nie

Arbeitstempo: ○ langsam   ○ angemessen   ○ zügig

Zusätzliche Bemerkungen/Tipps:

Datum: _____

1　Löse zuerst die Halbierungsaufgabe.
　　Löse danach die beiden Nachbaraufgaben.

14 − 6 = ☐	12 − 5 = ☐	16 − 7 = ☐
14 − 7 = ☐	12 − 6 = ☐	16 − 8 = ☐
14 − 8 = ☐	12 − 7 = ☐	16 − 9 = ☐

11 − 6 = ☐	15 − 8 = ☐	13 − 7 = ☐
12 − 6 = ☐	16 − 8 = ☐	14 − 7 = ☐
13 − 6 = ☐	17 − 8 = ☐	15 − 7 = ☐

2　Finde und löse zuerst die Halbierungsaufgabe.

14 − 8 = ☐ , denn ☐☐ − ☐ = ☐

12 − 7 = ☐ , denn ☐☐ − ☐ = ☐

15 − 7 = ☐ , denn ☐☐ − ☐ = ☐

13 − 6 = ☐ , denn ☐☐ − ☐ = ☐

3　Rechne zuerst die Minus-10-Aufgabe.

12 − 10 = ☐　　14 − 10 = ☐　　16 − 10 = ☐

12 − 9 = ☐　　14 − 9 = ☐　　16 − 9 = ☐

Datum: _____

4 Rechne bis 10 und dann weiter.

14 −   6   = □
14 − □ − □ = □

13 −   8   = □
13 − □ − □ = □

12 −   5   = □
12 − □ − □ = □

16 −   7   = □
16 − □ − □ = □

5 Rechne geschickt.

Kreuze an, wie du rechnest. Schreibe deine Rechnung auf.

15 − 9 = □

_____

○ mit der Nachbaraufgabe
○ bis 10 und dann weiter
○ zuerst −10

14 − 8 = □

_____

○ mit der Nachbaraufgabe
○ bis 10 und dann weiter
○ zuerst −10

13 − 4 = □

_____

○ mit der Nachbaraufgabe
○ bis 10 und dann weiter
○ zuerst −10

15 − 7 = □

_____

○ mit der Nachbaraufgabe
○ bis 10 und dann weiter
○ zuerst −10

Datum: _____

Aufgabe	Kompetenz	sicher	meist	teilweise	noch nicht	Bemerkungen
1	Halbierungsaufgaben lösen	○	○	○	○	
	Nachbaraufgaben lösen	○	○	○	○	
2	Halbierungsaufgaben als Rechenhilfe finden und nutzen	○	○	○	○	
3	Bei Aufgaben mit 9 Nachbaraufgabe mit 10 als Rechenhilfe nutzen	○	○	○	○	
4	Aufgaben mit der Strategie „bis 10 und dann weiter" lösen	○	○	○	○	
5	Aufgabenbezogen geeignete Strategie zum vorteilhaften Rechnen erkennen und als Rechenhilfe nutzen	○	○	○	○	

So hast du bei diesem Thema im Unterricht gearbeitet:

Arbeitsweise: ○ selbstständig   ○ konzentriert   ○ genau

Unterstützungsbedarf: ○ häufig   ○ gelegentlich   ○ nie

Arbeitstempo: ○ langsam   ○ angemessen   ○ zügig

Zusätzliche Bemerkungen/Tipps:

Datum: _____

1 Bilde aus 3 Zahlen 4 Aufgaben.

8   5   13

☐ + ☐ = ☐

☐ + ☐ = ☐

☐ − ☐ = ☐

☐ − ☐ = ☐

17   9   8

☐ + ☐ = ☐

☐ + ☐ = ☐

☐ − ☐ = ☐

☐ − ☐ = ☐

2 Löse die Aufgaben.

7 + 6 = ☐

8 + 7 = ☐

8 + ☐ = 11

5 + ☐ = 13

☐ + 6 = 12

☐ + 5 = 13

12 − 3 = ☐

13 − 5 = ☐

13 − ☐ = 7

11 − ☐ = 5

☐ − 4 = 9

☐ − 7 = 5

3 Rechne geschickt. Markiere, welche Rechnung du zuerst löst.

6 + 8 + 6 = ☐

4 + 7 + 6 = ☐

12 − 3 − 6 = ☐

13 − 7 − 3 = ☐

Datum: _____

4 Setze **<**, **>** oder **=** ein.

8 + 6 **>** 13   7 + 5 ◯ 15

13 − 6 ◯ 4   15 − 8 ◯ 7

5 Setze **+**, **−**, **<**, **>** oder **=** passend ein.

8 **+** 9 **<** 20   7 ◯ 6 ◯ 12

14 ◯ 8 ◯ 6   11 ◯ 7 ◯ 4

6 Ergänze die Zahlenmauern.

7 Setze die Steine passend ein. Ein Stein bleibt übrig.

8 Fülle die Rechentabellen aus.

+		6	7	
4	12		13	
		14		

−		5		4
		7		
16		10		8

Datum: _____

Aufgabe	Kompetenz	sicher	meist	teilweise	noch nicht	Bemerkungen
1	Aufgabenfamilien zusammenstellen	◯	◯	◯	◯	
2	Plusaufgaben lösen	◯	◯	◯	◯	
	Ergänzungsaufgaben (plus) lösen	◯	◯	◯	◯	
	Minusaufgaben lösen	◯	◯	◯	◯	
	Ergänzungsaufgaben (minus) lösen	◯	◯	◯	◯	
3	Geschickt rechnen mit drei Zahlen – Rechenhilfen erkennen und nutzen	◯	◯	◯	◯	
4	Relationszeichen <, >, = passend einsetzen	◯	◯	◯	◯	
5	Rechenzeichen + und – sowie Relationszeichen <, >, = passend einsetzen	◯	◯	◯	◯	
6	Zahlenmauern ergänzen	◯	◯	◯	◯	
7	Vorgegebene Zahlen passend in Zahlenmauern eintragen	◯	◯	◯	◯	
8	Rechentabellen ausfüllen					
	Plusaufgaben	◯	◯	◯	◯	
	Minusaufgaben	◯	◯	◯	◯	

So hast du bei diesem Thema im Unterricht gearbeitet:

Arbeitsweise: ◯ selbstständig   ◯ konzentriert   ◯ genau

Unterstützungsbedarf: ◯ häufig   ◯ gelegentlich   ◯ nie

Arbeitstempo: ◯ langsam   ◯ angemessen   ◯ zügig

Zusätzliche Bemerkungen/Tipps:

Datum: _____

1 Schreibe zu jedem Bild eine Rechenaufgabe.

☐ ◯ ☐ = ☐ ☐

☐ ☐ ◯ ☐ = ☐

☺ 😐 ☹

2 Verbinde passend.

8 Kinder sitzen im Kreis. 5 Kinder kommen noch dazu.

9 – 2 = 7

8 + 5 = 13

8 + 4 = 12

9 Kinder haben eine Pause gemacht. 2 Kinder fahren wieder los.

8 Kerzen brennen schon. Lisa zündet 4 weitere Kerzen an.

☺ 😐 ☹

Datum: _____

3 Verbinde passend. Berechne das Ergebnis.

Tom hat 7 Steine.
Er findet 6 weitere.

$12 - 4 = \boxed{}$

Maja hat 19 Autos.
Sie verschenkt 10.

$7 + 6 = \boxed{}$

Anne hatte 12 Sticker.
4 davon hat sie verloren.

$19 - 10 = \boxed{}$

4 Schreibe oder male eine eigene Rechengeschichte.
Schreibe dann die passende Rechenaufgabe auf.

Datum: _____

Aufgabe	Kompetenz	sicher	meist	teilweise	noch nicht	Bemerkungen
1	Auf Bildern dargestellte Vorgänge in Rechenoperationen übertragen	○	○	○	○	
2	In Bildern dargestellte und im Text beschriebene Vorgänge vorgegebenen Rechenaufgaben zuordnen	○	○	○	○	
3	Im Text beschriebene Vorgänge und gegebene Rechenaufgaben einander zuordnen und Rechenaufgaben lösen	○	○	○	○	
4	Selbst eine Rechengeschichte erfinden, zeichnen oder aufschreiben und in eine dazu passende Rechenaufgabe übertragen	○	○	○	○	

So hast du bei diesem Thema im Unterricht gearbeitet:

Arbeitsweise: ○ selbstständig ○ konzentriert ○ genau

Unterstützungsbedarf: ○ häufig ○ gelegentlich ○ nie

Arbeitstempo: ○ langsam ○ angemessen ○ zügig

Zusätzliche Bemerkungen/Tipps:

Datum: _____

1 Bestimme den Wert der Münzen und Scheine.

20 €

2 Bestimme den Betrag.

€   ct

3 Bestimme den Betrag in Euro und Cent.

€   ct   €   ct

4 Zeichne, wie du bezahlen kannst.

18 €   12 € 8 ct

Datum: _____

5 Zeichne 3 Möglichkeiten, wie du 12 € bezahlen kannst.

| 12 € | 12 € | 12 € |

6 Zeichne, wie du bezahlen kannst.

Bezahle mit möglichst wenigen Scheinen und Münzen.

| 12 € | 15 ct |

Benutze keine 1-€-Münzen und keine 1-ct-Münzen.

| 11 € | 8 ct |

7 Trage in die Tabelle 3 Möglichkeiten ein, wie du bezahlen kannst.

Datum: _____

Aufgabe	Kompetenz	sicher	meist	teilweise	noch nicht	Bemerkungen
1	Werte von Geldscheinen und Münzen benennen	◯	◯	◯	◯	
2	Gesamtwert dargestellter Geldbeträge ermitteln	◯	◯	◯	◯	
3	Gesamtwert dargestellter gemischter Geldbeträge ermitteln	◯	◯	◯	◯	
4	Geldbeträge zusammenstellen	◯	◯	◯	◯	☐ mithilfe von Rechengeld ☐ ohne Hilfe von Rechengeld
5	Den gleichen Geldbetrag auf unterschiedliche Weise zusammenstellen	◯	◯	◯	◯	☐ mithilfe von Rechengeld ☐ ohne Hilfe von Rechengeld
6	Geldbeträge nach Vorgaben zusammenstellen	◯	◯	◯	◯	☐ mithilfe von Rechengeld ☐ ohne Hilfe von Rechengeld
7	Geldbetrag auf unterschiedliche Weise zusammenstellen und in einer Tabelle notieren	◯	◯	◯	◯	☐ mithilfe von Rechengeld ☐ ohne Hilfe von Rechengeld

So hast du bei diesem Thema im Unterricht gearbeitet:

Arbeitsweise: ◯ selbstständig   ◯ konzentriert   ◯ genau

Unterstützungsbedarf: ◯ häufig   ◯ gelegentlich   ◯ nie

Arbeitstempo: ◯ langsam   ◯ angemessen   ◯ zügig

Zusätzliche Bemerkungen/Tipps:

Datum: _____

1 Berechne den Gesamtpreis.

4 € + ☐ € = ☐ €

☐ € + ☐ € = ☐ €

2 Lea kauft

☐ € + ☐ € = ☐ €

Lea muss ☐ € bezahlen.

Max kauft

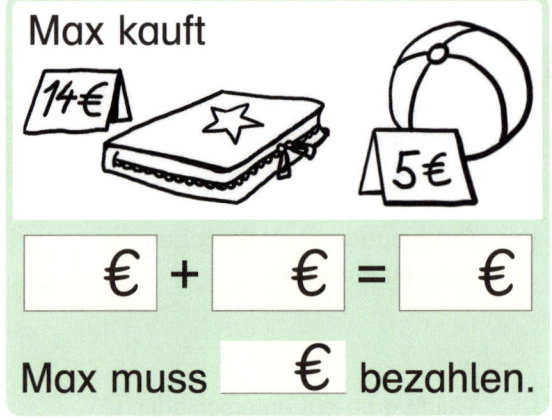

☐ € + ☐ € = ☐ €

Max muss ☐ € bezahlen.

3 Ermittle das Restgeld.

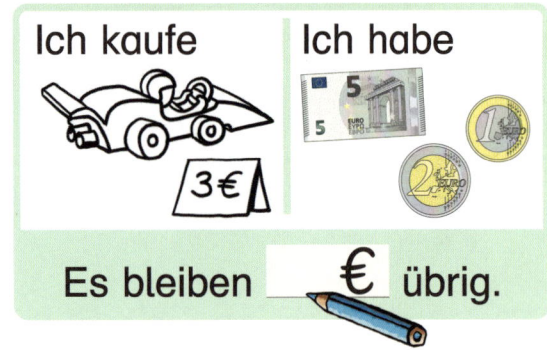

Es bleiben ☐ € übrig.

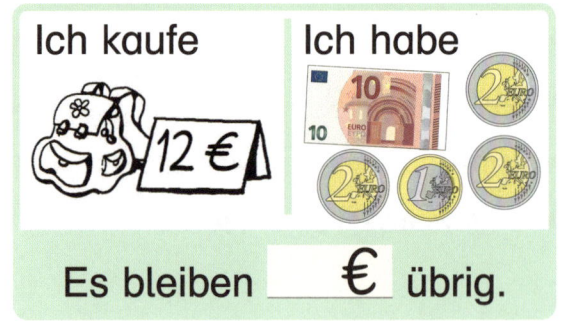

Es bleiben ☐ € übrig.

4 Ermittle das Rückgeld.

Datum: _____

5 Berechne das Rückgeld. Schreibe die Rechenaufgabe dazu.

Lea gibt — Lea kauft

☐ € − ☐ € = ☐ €

Lea bekommt ___ € zurück.

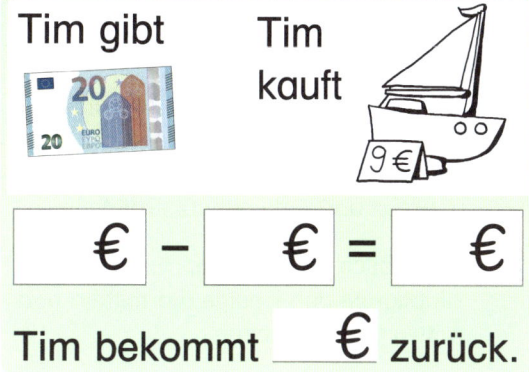

Tim gibt — Tim kauft

☐ € − ☐ € = ☐ €

Tim bekommt ___ € zurück.

6 Berechne das Rückgeld.

Max kauft einen Bagger
für 13 €. Er bezahlt
mit einem 10-€-Schein
und einem 5-€-Schein.

☐ € − ☐ € = ☐ €

 Er bekommt ___ € zurück.

Lisa kauft ein Buch
für 11 €. Sie bezahlt
mit einem 20-€-Schein.

☐ € − ☐ € = ☐ €

Sie bekommt ___ € zurück.

7 Schreibe Rechnung und Antwort auf.

Lena kauft ein Tierlexikon für 9 €
und eine Armbanduhr für 6 €.
Sie bezahlt mit einem 20-€-Schein.

Wie viel muss sie bezahlen?

Rechnung: _____

Sie muss ___ € bezahlen.

Wie viel bekommt sie zurück?

Rechnung: _____

Sie bekommt ___ € zurück.

Datum: _____

Aufgabe	Kompetenz	sicher	meist	teilweise	noch nicht	Bemerkungen
1	Bei bildlich dargestellten Einkaufssituationen den Gesamtpreis berechnen	○	○	○	○	
2	Bei bildlich dargestellten Einkaufssituationen den Gesamtpreis berechnen, passende Plusaufgabe notieren und Antwortsatz ergänzen	○	○	○	○	
3	Bei bildlich dargestellten Einkaufssituationen das Restgeld ermitteln und Antwortsatz ergänzen	○	○	○	○	
4	Bei bildlich dargestellten Einkaufssituationen das Rückgeld ermitteln	○	○	○	○	
5	Bei bildlich dargestellten Einkaufssituationen das Rückgeld berechnen, passende Minusaufgabe notieren und Antwortsatz ergänzen	○	○	○	○	
6	Bei in Textform dargestellten Einkaufssituationen passende Minusaufgabe finden und Antwortsatz ergänzen	○	○	○	○	
7	Aus einer komplexeren Rechengeschichte jeweils zur Fragestellung passende Informationen entnehmen, passende Rechenaufgabe finden und Antwortsatz ergänzen					
	Gesamtpreis berechnen und notieren	○	○	○	○	
	Rückgeld berechnen und notieren	○	○	○	○	

So hast du bei diesem Thema im Unterricht gearbeitet:

Arbeitsweise: ○ selbstständig ○ konzentriert ○ genau

Unterstützungsbedarf: ○ häufig ○ gelegentlich ○ nie

Arbeitstempo: ○ langsam ○ angemessen ○ zügig

Zusätzliche Bemerkungen/Tipps:

Datum: _____